JN074640

監査論テキスト

テキスト

【第 9 版】

山浦久司 著

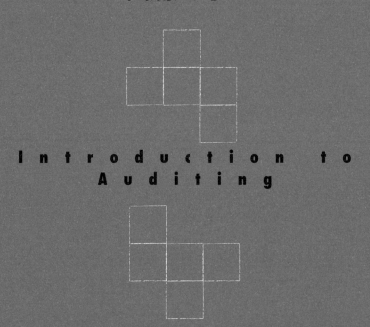

Introduction to Auditing

中央経済社

は じ め に

　本書の初版は2006年3月に発刊されました。一見，無味乾燥に思える会計監査の世界を，少しでもわかりやすく解説し，親しみをもって理解していただくという趣旨で執筆したのですが，幸いに，読者諸賢の多くの支持を得て，このたび，第9版を出版することになりました。この場を借りて，改めて，お礼を申し上げます。

　ときどき，会計監査の実務に就いている若い公認会計士の方から，「先生の本に出会ったことがこの道に進むきっかけでした」という声を頂戴すると，著者としてもうれしくなりますが，そのような会計監査のプロの方々のみならず，一般の学生諸君や仕事の上で会計監査とは何かを知りたい，あるいは知らねばならないという方々にも，本書を通して会計監査の世界をわかっていただければ幸いに思います。

　ところで，公認会計士や監査法人による会計監査というと，上場会社，ないし大企業に限られるというイメージですが，政府系機関である独立行政法人や大学などの学校法人や大きな社団・財団法人などは，すでに会計監査が法制度化されています。また，この数年で，法律が会計監査を求める領域がさらに増え，社会福祉法人（障害者や高齢者の福祉施設，保育園，医療提供機関など），医療法人，農業協同組合など，一般社会の身近な場所にも広がってきています。

　また，本書第8版の出版は2022年春でしたが，同年秋に公認会計士法の大改正が行われ，そこには，上場会社監査事務所の登録を義務付け，

登録事務所に適切な体制整備を促し，さらに，登録申請の際の適格性の審査を日本公認会計士協会に行わせるなどの規定が盛り込まれました。

さらに，この改正法は，公認会計士の資格要件としての実務経験を，従来の2年から3年に延ばし，継続的専門研修の受講と資格登録の関係を厳格にするなど，監査人資格者の能力を法制度で担保しようとしています。

さらにまた，2023年には，内部統制の評価と報告，および監査の基準にリスク・アプローチを採り入れるなどの改訂が行われ，これにより，企業経営者に内部統制の理解，整備，さらに実質的な評価を促し，同時に，監査人による内部統制監査の実効性を高めようとしています。

そのほか，金融商品取引法の改正により，四半期レビュー制度が改められ，半期報告書の中の期中財務諸表に対する期中レビュー制度となり，これについても解説しています。

以上が，本版における主な改訂点ですが，これらの法改正や諸基準の改訂だけでなく，監査法人の組織体制（ガバナンス）やIT（情報技術）の進展下の監査方法，サステナビリティ情報といった非財務情報の保証，職業倫理の国際標準化などの新しい問題も出てきていますので，これらにも目を配っています。

最後に，本書のたび重なる改訂にもかかわらず，温かく見守り，育んでいただいた中央経済社ホールディングスの代表取締役会長 山本 継氏，ならびに編集兼顧問の小坂井和重氏に謝意を表します。

2024年春

　　　　　　　　　　　　　　　　山 浦 久 司

目　　次

第10章　会計監査と不正への対応 ——————— 145

第11章　監査意見と監査報告書 ——————— 155

第1章

会計監査とその基本的役割

本 章 の 要 点

① 会計監査は，企業経営者などが説明責任（または会計責任）を履行する際の支援機能として，人間の経済活動には不可分の機能です。

② 本書では，会計監査を，独立の職業的監査専門家としての監査人が，企業の経営者が作成した財務諸表について，会計取引や事象と会計記録，ならびに会計原則（あるいは会計基準）との間の整合性を調べ，結果として，財務諸表が適正に表示されているか否かに関して財務諸表の利用者に報告する仕組み，と理解します。

③ 財務諸表の虚偽表示にはいくつかの種類と原因がありますが，どのようなものであれ，利用者に誤解を与えるような重要な虚偽表示があれば，それを発見し，財務諸表が適正に表示されていない，という結論を表明するのが監査人の基本的な立場であり，責任です。

④ しかし，会計監査は，とくに粉飾（利益の過大計上）の発見に重点を置くことで，社会のニーズに応えようとしています。

⑤ ただし，会計監査には固有の限界があり，そのために，虚偽表示の発見に関する責任にも限定が加えられます。

1 監査という言葉

　イギリスの劇作家，シェークスピアは，その作品「アテネのタイモン」（第二幕第二場）で，アテネの放蕩貴族タイモンが父の残した財産を自分で使い果たしたにもかかわらず，親の代から仕える執事フレィビアスに使い込みの疑いをかける場面で，フレィビアスに，自分はやましいことはしていないし，神々に誓って，どのような auditor に対しても申し開きができます，と言わせています（図表 1 - 1 ）。

　ここで，英語の auditor を「監査人」，動詞形の audit を「監査（する）」と訳しますが，実は，これらの言葉は，オーディオ（audio）とか，オーディション（audition）と同じ語源，つまり，「聴く」という

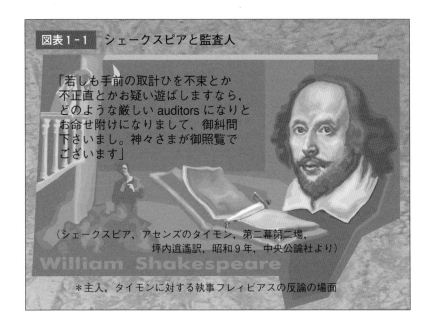

図表 1 - 1　シェークスピアと監査人

「若しも手前の取計ひを不束とか
不正直とかお疑い遊ばしますなら，
どのような厳しい auditors になりと
お命せ附けになりまして，御糾問
下さいまし。神々さまが御照覧で
ございます」

（シェークスピア，アセンズのタイモン，第二幕第二場，
坪内逍遙訳，昭和 9 年，中央公論社より）

William Shakespeare

＊主人，タイモンに対する執事フレィビアスの反論の場面

意味のラテン語から派生しています。また，audit- は，ラテン語系の国々では審問とか尋問とか審理という意味にも使いますので，上のフレィビアスの科白での auditor は，「監査人」よりは「審問者」という訳がぴったりかもしれません。

　いずれにせよ，「監査」の起源は「聴く」ことにあったようですから，会計帳簿を前にして，会計の担当者に根掘り葉掘り問い詰める「監査人」の姿が目に浮かびます。

　さて，「監査」という日本語は，明治時代に作られた比較的に新しい言葉で，「監察審査」の意味とされます。もともと，「監」が「面と向かう」，「査」が「調べる」という意味ですが，その後，わが国最初の商法（明治23（1890）年）で「監査役」という制度を設けましたので，以降，「監査」が日本語として定着しました。しかし，江戸時代の幕府や藩では「勘定吟味役」という役職がありましたし，名称は違っても同じような仕組みはずっと以前からありましたので，「監査」とか「監査人」に相当する機能や職責そのものは新しいものではありません。

　とはいえ，「監査」という言葉の語源から掘り起こした理由は，故事来歴を述べて，学問的な蘊蓄を傾けるためではなく，「監査」という行為が，経済社会の形成に伴って，自ずと生まれてきたことを説明したいからです。

　つまり，ある人が他人から財産を預かり，それを保管・管理し，さらには運用して殖やすように努める責任を有する場合に，一般には，その責任を有する人は預かった財産の管理の状態や運用の結果を預かった先の人に報告する責任を負いますが，これを説明責任とか会計責任（accountability）といいます。たとえば，「株式会社の取締役は株主に対して事業内容についての説明責任を負う」とか，「政府は国民に対して徴収した税金の使途についての説明責任を負う」といった言い方を

します。

その際，説明責任を負う人が自己の行為のてん末を自分で説明し，その説明が正確であると申し立てても，財産を預けた人が納得しないときに，第三者に証明を委ねる「監査」という行為や制度が生まれる，ということをいいたいのです。言い換えると，監査は，説明責任（または会計責任）を履行する際の支援機能として，人間の経済活動には不可分の機能として，いわば，「監査」は，古代文明の時代から今日まで，営々と受け継がれてきた，人間社会の営みの一部なのです。

2 会計監査の定義と目的

ところで，「会計監査」とは何でしょうか。文字どおりにいえば，「会計に対する監査」ですが，実は，この用語の意味を正確に伝えることは容易ではありません。

なぜなら，監査対象である会計も，企業会計，公官庁会計，公益法人会計など様々ですし，会計監査の根拠も，任意の監査や法律で要求される監査があり，さらに会計監査の目的も，企業が外部の利害関係者に向けて一般に公表する財務諸表の監査，企業が銀行等から融資を受ける目的の監査，官庁などで予算が適正に執行されているかどうかを調べる監査など様々です。

また，監査人も，後述する公認会計士や監査法人などの会計監査の職業専門家だけでなく，内部監査人や監査役もいますし，政府の会計監査を実施する会計検査院も，一種の監査人といえます。しかも，それぞれに，監査の方法や集める証拠（監査証拠といいます）の内容も違いますし，監査の結果を報告する書式も異なります。

　ここでは，会計監査の内容を，企業の経営者が株主等に向けて公表する財務諸表に対し，職業的専門家たる監査人が独立の立場から行う監査（財務諸表監査ともいいます）として絞り込み，次のように定義したいと思います。また，この定義が会計監査の目的ということができるでしょう。

　　「経営者の作成した財務諸表が，一般に公正妥当と認められる企業
　　会計の基準に準拠して，企業の財政状態，経営成績，およびキャッ
　　シュ・フローの状況を全ての重要な点において適正に表示している
　　かどうかについて，監査人が自ら入手した監査証拠に基づいて判断
　　した結果を意見として表明すること」

　この会計監査の定義は，後に述べる監査基準の「監査の目的」の前段

図表1−2　財務諸表の利用と監査の意義

株主総会

取引相手

投資家，金融機関

独立の職業的
監査専門家

財務諸表

企業と経営者

部分を引用しているのですが，少し難しくなりましたので，わかりやすく説明しましょう。図表1-2をみてください。

　企業，とくに株式会社は，株主から資本金を得ることで設立されます。また，企業は，銀行からも融資を得て，設備投資などにあてたり，仕入や売上，あるいは合弁事業や技術提携など，様々な取引相手と関係を持ったりします。さらに，大きな企業は，証券取引所に自分の株式や社債を上場して，一般の投資家から資金を調達しようとします。

　逆に，そのような企業の株主，銀行，取引相手，あるいは一般の投資家は，自分の利益を守るために，企業に対して，定期的，あるいは必要に応じて，財政状態や経営成績やキャッシュ・フローの状況を知らせる財務情報を求めます。

　株主は，その情報をもとに，自分が持っている株式に対して配当金が受け取れるのか，受け取れるとしてもどの程度の金額を受け取れるのか，それは将来的にも続くのか，もし会社の利益が上がらないのなら現在の経営者に経営を任せておいてもよいのか，といった判断をします。

　同じように，銀行は，融資の承認，追加，あるいは打ち切り，取引相手は，売買取引の実施，契約の締結や破棄，一般の投資家は，証券市場での株式や債券の売買や保持などの判断を，その財務情報をもとに行います。この際，企業は，これらの様々な利害関係者に対して，一般に公正妥当と認められる会計原則，ないし会計基準に準拠した財務諸表を作成して，個別に渡したり，公に開示したりするのが普通です。

　5ページの定義による会計監査は，このような財務諸表に対して，公認会計士や監査法人といった職業的な監査の専門家が，企業から独立の立場で，財務諸表の作成源の会計記録と，その記録の原因となった会計取引や会計事象を証拠立てる資料と，それを会計処理するにあたって企業が参照したはずの一般に認められる会計原則，ないし会計基準との間

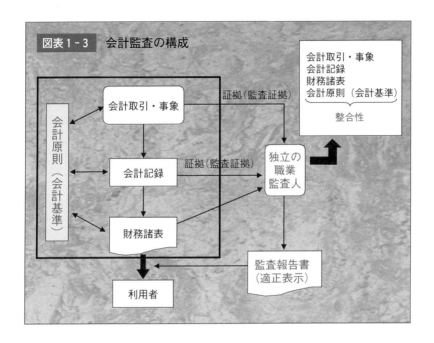

図表1-3　会計監査の構成

の整合性を調べて，結果を監査意見という形で財務諸表の利用者に報告する，という行為を指しています。その間の関係を図表1-3が示しています。

　この際，財務諸表に対する作成責任は経営者自身が負い，監査人は，監査結果に対する責任だけを負います。つまり，経営者が自分で自分の作成した財務諸表を正確だと主張しても，また，監査人が財務諸表の作成に関与しながら監査結果を報告するとしても，いずれも自己証明となり，「自己証明は証明にあらず」という監査の鉄則に反することになります。このように，経営者は財務諸表の作成責任を負い，監査人は監査責任を負うという考え方を二重責任の原則といいます。

　なお，5ページの定義にある監査基準の問題は後述することにします。

3 会計監査と財務諸表の虚偽表示

　会計監査の目的を,「経営者の作成した財務諸表が, 一般に公正妥当
と認められる企業会計の基準に準拠して, 企業の財政状態, 経営成績,
およびキャッシュ・フローの状況を全ての重要な点において適正に表示
しているかどうかについて, 監査人が自ら入手した監査証拠に基づいて
判断した結果を意見として表明すること」としました。

　しかし, 会計監査の目的や性格を知るうえでは, 最初に,「経営者の
作成した財務諸表が, 一般に公正妥当と認められる企業会計の基準に準
拠して, 企業の財政状態, 経営成績, およびキャッシュ・フローの状況
を全ての重要な点において適正に表示して」いない, とはどのようなこ
とかを理解する必要があるでしょう。

　財務諸表が適正に表示されていないことを, 専門用語では, 財務諸表
の虚偽表示といいます。これは, 文字どおりに財務諸表に嘘の表示があ
ることを意味しますが, その意味は, 結構, 複雑です。

　財務諸表の虚偽表示とは, 次の事柄をいいます。

①　会計上の取引や事象を, 記録しないか, 記録しても取引金額を過
　　小に計上しているために, 財務諸表にその取引や事象の情報が誤っ
　　て表示される場合

②　会計上の取引や事象の架空の記録をするか, 実際よりは過大に計
　　上しているために, 財務諸表にその取引や事象の情報が誤って表示
　　される場合

③　会計上の取引や事象を会計処理する際に, 誤った会計原則(会計
　　基準)を適用するか, 誤った適用の仕方をしたために, 財務諸表に
　　その取引や事象の情報が誤って表示される場合

④ 会計記録自体は正しいが，財務諸表の作成段階で会計記録を無視するか，歪（ゆが）めたために，財務諸表にその取引や事象の情報が誤って表示される場合

⑤ 財務諸表に付属する注記情報が，財務諸表に誤解を与えるものであったり，あるいは財務諸表の理解に不十分な情報である場合

また，これらの原因には，経営者や従業員らの単純なミス（誤謬（ご びゅう））による場合と意図的な操作（不正）による場合があります。

誤 謬 ： 取引現場からの連絡ミス，見落とし，会計上の計算ミス，会計基準の適用ミス，会計システムの設計ミス・作動ミス等

不 正 ： 株価操作や資金流用など，不当または違法な利益を得たり，不都合な事実を隠したりするために意図的に他者を欺く行為

ただ，ここで注意しなければならないことは，たとえば，得意先や貸付先の経営状況に対する判断に基づく貸倒引当金（かしだおれひきあてきん）設定額の水準や将来の収益価値に対する判断に基づく減損処理の要否や金額の判定などの会計判断に関する経営者の意思決定が，結果的に，誤謬や不正に基づく虚偽表示をもたらす場合があることです。

これらの虚偽表示が何に起因するものであっても，財務諸表の利用者の誤解を招くような重要なものがあれば，それを発見し，経営者に修正を求め，修正されなければ，財務諸表が適正に表示されていない，という結論を表明するのが監査人の基本的な立場であり，責任です。

この点は，会計監査の定義として引用した監査基準の「監査の目的」では，「財務諸表の表示が適正である旨の監査人の意見は，財務諸表には，全体として重要な虚偽の表示がないということについて，合理的な保証を得たとの監査人の判断を含んでいる」と規定して，明示されてい

ます。なお，最後の「合理的な保証」というのは，次に述べる監査の
様々な限界のなかで，監査人が自己の判断の合理的な心証ないし確証を
得たという意味に理解してください。

　しかし，「不正」に起因する虚偽表示は巧妙に隠蔽^(いんぺい)されやすいなど，
発見しにくいことが一般です。さらに，経営者の判断の結果として生じ
る虚偽表示は，監査人の側からも適否の判断がつきにくいものがしばし
ば発生します。とくに，経営者が利益をできるだけ大きく計上するとい
う経営方針を採用しているとき，会計処理上，利益を甘めに計上すると
いう全体的なバイアス（偏向）につながり，結果的に，不正になるよう
な場合がありますので，要注意です。

4　会計監査の機能的限界

　とはいえ，会計監査の性格上，下記のような固有の限界があり，結果
として，これらの虚偽表示の発見については，監査人に一定の責任上の
限定があります。これは，会計監査の目的と性格を知るうえで重要なこ
とです。

　①　監査人の監査業務には，費用的な制約，時間的な制限があり，他
　　方で，企業の規模が大きければ，会計記録全部の監査（精査^(せいさ)）はで
　　きないために，どうしても重点的，かつ抜き取り検査（これを試査^(しさ)
　　といいます）にならざるをえない。
　②　監査人は企業側の管理体制（これを内部統制^(ないぶとうせい)といいます）に依存
　　せざるをえず，その良し悪しを勘案しながら監査の重点や抜き取り
　　検査の範囲を決めていきますが，内部統制が経営者の干渉や従業員
　　の共謀などで機能しなくなり，結果として，虚偽表示を発見でき

ない。
③　たとえ，精査ができても，入手できる監査証拠は，会計記録自体
と伝票や証憑など，会計取引の結果を示す間接的な証拠がほとん
どであるので，会計取引の存在や実態について，絶対的というより
は，せいぜい合理的と思われる程度の推論的な基礎しか得られない。
④　たとえ精査ができ，確証的な証拠が得られたとしても，たとえば
貸倒引当金の見積りなどに見られるように，会計処理は将来事象に
対する判断の所産であることが多く，せいぜい企業側が行った将来
判断が，監査人の立場からも合理的と判断できる，といった程度に
しか結論を形成できない。

　会計監査にはこのような固有の限界があるので，「財務諸表が適正に
表示されている」という監査人の結論は，次のように理解される必要が
あります。
①　利用者の判断を誤らせるような重要な虚偽表示は財務諸表に含ま
れていない，ということを意味するにしかすぎない。
②　重要な虚偽表示とはいえ，さらにそれは粉飾，つまり利益の過大
計上がない，ということに監査人は特別の重きを置いている，と理
解しなければならない。
③　監査人の結論は，あくまでも監査人の専門家としての「意見」で
あり，絶対的な保証ではない。むろん，それは会計監査の専門家と
して，適切な技術と専門知識を駆使し，十分かつ適切な監査証拠を
もとにして形成した意見であり，合理的な根拠を持った意見である。

　これらの見解は，監査人たちが，ときには法廷での争いや，社会の批
判や，あるいは利用者の具体的な要望を歴史的に反映させながら，徐々

に形づくってきたものなのです。

　まず，重要性という言葉は，会計監査のいたるところに関係してきますが，要するに，監査人は，財務諸表の利用者の判断を誤らせるような重要な虚偽表示を見過ごさないように監査を実施する責任がある，という点にこの言葉の意味は尽きます。

　逆に言えば，利用者の判断に関係しないような，小さく，重要でない虚偽表示の発見にまでは監査人は責任を負う必要はない，ということになります。もちろん，財務諸表における重要な情報というのは，金額的に大きいものだけでなく，少額でも，質的に重要なものもありますが，いずれにせよ，重要な虚偽表示は見逃さない，というのが，監査人にとっては基本的な責任です。

　しかし，この基本的責任は，あらゆる場合に負わなければならない責任ではなく，監査人が職業的専門家としての正当な注意を払い（通常の職業的専門家であれば一般に払うはずの注意と同等程度の注意を払うこと），それでもなお発見しえなかった虚偽表示には見過ごしの責任は生じないものと理解されています。

5 会計監査と粉飾の発見

　重要な虚偽表示のなかでも，利益の粉飾がない，ということに監査人は特別の重きを置いている，という点については，補足しておく必要があります。

　企業の虚偽表示には，利益の過大計上と過小計上があります。前者は，資産の過大計上か負債の過小計上と収益の過大計上か費用の過小計上が組み合わされて行われます。後者は，その逆です。一般に，前者を粉飾

といい，後者を，逆粉飾という場合もあります。

　粉飾という言葉は，パウダー(粉)で飾って素顔をごまかす，という意味でしょうか。英語では，window-dressing，つまり，外から見える窓だけを飾り立てる，という意味ですから，西欧でも同じ見方ですね。

　ところで，利益の過小計上は脱税目的で行われることが多いのですが，もし経営者が入念に隠したとすれば，これを発見することは，実は，監査人には無理といっても過言ではありません。

　皆さんは，故 伊丹十三監督の「マルサの女」という映画を観ましたか。マルサとは国税査察官の「査」を丸で囲んだ身分証明書と腕章を指しているのですが，その映画でも存分に表現されているように，利益の過小計上の手段としての隠蔽資産を発見するには，警察や国税調査のような強権（家宅捜査や逮捕しての強制捜査など）が必要で，また監査報

図表1-4　脱税とマルサ

たとえば，「マルサ（国税査察官）」を考えてみよう。

査

脱税：利益の過小申告

「マルサ」は，強制捜査権を含めた査察権を国から付与されている。
動員する人員の人件費（コスト）も，脱税額（パフォーマンス）を上回る場合も多い。

↓

国税調査のような，強権をもって監査人の権限が確保されない限りは，利益の過小計上発見の機能は果たせない。

酬を無視した綿密な裏付け調査が欠かせません（図表1-4）。

　しかし，会計監査ではそのようなことは行いませんし，また，そのような強権も与えられていません。それでも，会計監査が実効をあげうると考えられるのは，資産の過大計上を発見できれば，会計監査の大きな目的は達せられると考えられるからです。

　後述しますが，会計監査では，資産残高を立証するために，「実査」「立会」「確認」といった監査手続を実施することが求められますが，いわば，帳簿残高の実在性を立証することで，少なくとも，資産の過大計上は立証できます。でも，会計監査は，どうして粉飾の発見に重点を置くのでしょうか。

　それは，現代の会計監査が，株式会社の株主の代理，さらには外部利害関係者間で利害を調整する際の基本情報である財務諸表の信頼性の立証，あるいは証券市場における「投資家の守り神（champion for investors）」としてのニーズに応えようとして発展してきたからです。

　株主，その他の利害関係者，さらには投資家にとっては，「虚」を「実」のように飾り立てる粉飾による被害が，利益の過小計上による被害よりもはるかに甚大で，場合によっては，知らないうちに，自分の投資した証券が紙切れになってしまう可能性もあるのです。

　近年，わが国で不正による重要な虚偽表示の事件が相次いだために，不正に対応する監査基準が公表されました。これをみても，不正の発見に対する監査人の責任は，より重大なものとみなされるようになったことがわかります。

　なお，最後に，監査人の結論は，あくまでも監査人の専門家としての「意見」であるという点ですが，この観点の意義と重要性については，さらに監査報告に関する章で詳しく述べることとします。

第2章

会計監査の現代的機能

本 章 の 要 点

1　会計監査の効用は，監査人による財務諸表に対する信頼性の付与に伴って生じる，財務諸表の作成者と利用者の相互間の便益向上にあります。

2　ただし，このような関係が財務諸表をめぐる利害関係者間に成り立つには，監査人の監査結果に対する相互の信頼が利害関係者間に得られる必要があり，ここに，独立の，しかも監査と会計についての専門性を有する職業的な専門家の存在意義があります。

3　企業（株式会社）は，組織や規模が大きくなると，自ずと会計監査を必要とする状況が増えてきます。

4　大規模な株式会社では，外部株主や銀行等の債権者，さらには取引相手などの利害が複雑に絡み合い，監査人に，独立性の確保と公正不偏な判断が，より一層強く求められるようになると同時に，会計事象に対する会計処理の適否を判定する監査人にも，ますます高度の専門性が求められるようになり，結果として監査人の独立性と職業的専門性が不可欠の要素となります。

5　現代の会計監査には，証券市場における「投資家の守り神（champion for investors）」としての期待と役割が託されています。

6　またさらに，会計監査を通しての株式会社のコーポレート・ガバナンスへの貢献という観点がしだいに鮮明になってきました。

1 会計監査の効用と必要性

　第1章で，会計監査の目的を述べましたが，実は，ほとんどの人が，他人から自分の仕事や行動を監視されたり，とやかく言われたりするのは好きではないはずです。

　それなのに，どうして報酬を払ってまで外部の監査人の会計監査を受けようとするのでしょうか。企業は，法律で決められているから，仕方なく会計監査を受けるのでしょうか。でも，皆が嫌がることを法律で求めるのもおかしいですね。

　法制度の詳細は後の章で述べますが，会社法は，株式会社に対して，年1回，株主総会を開き，財務諸表を株主に提示し，一定の要件を備える会社には公認会計士や監査法人の会計監査を義務付けています。

　また，金融商品取引法は，上場している会社などに，一般投資家の投資判断に役立てるようにするために定期的に財務諸表を開示させて，その財務諸表について，公認会計士や監査法人の会計監査を義務付けています。しかし，法律で決められているから会計監査を嫌々ながら受ける，というのでは，逆に，おかしな制度ということになります。

　ここで，会計監査の効用と必要性について考えましょう。図表2-1をみてください。

　企業は，ある程度の規模になると，外部から資金を調達しなければ，経営の拡張は望めなくなります。その際，株式会社の場合には，株式を発行し，外部の投資家を株主にして，彼らから資金を得ようとします。しかし，投資家にしてみれば，自己資金を殖やしたいのは山々ですが，投資に伴うリスクを避けなければなりません。むろん，投資家が経営の内容を自分で細かくチェックできれば済むことですが，多くの場合は難

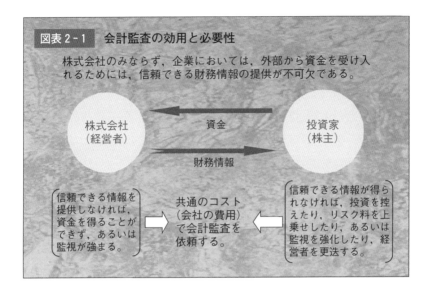

図表 2 - 1　会計監査の効用と必要性

株式会社のみならず，企業においては，外部から資金を受け入れるためには，信頼できる財務情報の提供が不可欠である。

株式会社
（経営者）

資金

財務情報

投資家
（株主）

信頼できる情報を提供しなければ，資金を得ることができず，あるいは監視が強まる。

共通のコスト（会社の費用）で会計監査を依頼する。

信頼できる情報が得られなければ，投資を控えたり，リスク料を上乗せしたり，あるいは監視を強化したり，経営者を更送する。

しく，投資情報としての財務情報（会計情報）に投資判断の主たる材料を得ます。

　ところが，その財務情報が信頼できなければ，多くの投資家は，投資を敬遠するか，リスクを冒せるほどに株価が低くない限りは投資を控えることになります。場合によっては，自分が経営に加わるか，自分で監視できるのであれば投資してもよい，という投資家もいるかもしれません。要するに，これらの投資家は，投資情報への不信を理由に，投資リスクを低めようとしているのです。

　他方，会社側ないし経営者は，投資家に提供する財務情報の信頼性を高めなければ，資金を得られないか，あるいは得られても，会社の実力以下でしか株価を付けられず，あるいは投資家自身の経営参加や監視の強化というおまけを付けなければ，資金を得られない事態になります。

　ここに，会計監査が加わればどうでしょうか。財務情報の信頼性が増すことで，投資家は投資リスクを軽減でき，安心して投資できるし，会

社ないし経営者も，会社の実力どおりの株価で資金調達が可能となります。そこで，最初は，会社側が外部の監査人に報酬を払って会計監査を依頼しますが，いったん，会社と株主の関係ができると，その後，会計監査は両者にとって共通のコストとなります。

　つまり，会計監査は，会社にとっては株主を呼び込み，繋ぎ止めるために必要で，監査費用は資本調達コストの一部になります。他方，株主にとっては，自分の投資のリスクを一定限度に抑えておくために必要で，保険料に近いコストになります。

　なぜ，株主にとってのコストかと申しますと，監査費用の分だけ，利益が少なくなり，株主持分が少なくなるからです。つまり，監査報酬は会社と株主の共通のコストになるわけです。

　この関係は，銀行などの債権者にもあてはまります。財務情報の信頼性の欠如があれば，銀行は融資リスクを避けるために，融資を避けるか，利子を高くします。場合によっては，抵当権の設定で回避したり，企業に役員を送り込んで，経営をチェックしたりするでしょう。

　しかし，この関係も，財務情報の信頼性が付与されれば，企業の実力に合った融資が行われ，利子率も相応に決まりますし，経営の監視というような事態も回避できることになります。また，その他の取引相手との関係も同様で，取引関係の構築と維持には信頼できる財務情報の提供は不可欠です。

　要するに，会社と，それを取り巻く利害関係者は，財務情報の信頼性が確保されることで，お互いの利益を守ることが可能になり，経済社会の秩序が保たれるわけですから，会計監査は経済システムを維持する構造基盤（ファンダメンタルズ）と称しても，言い過ぎではないのです。

　ただし，このような関係が財務情報をめぐる利害関係者間に成り立つには，監査人の監査結果に対する相互の納得が利害関係者間に得られな

ければなりません。監査人が企業の関係者で，外部の利害関係者からは
監査結果に疑念を抱かざるをえなかったり，財務情報の真偽のほども見
分けられない会計の素人であったりすれば，当然に，上記の関係は成立
しません。ここに，公認会計士や監査法人といった職業的な監査の専門
家が，企業から独立の立場から会計監査をすることの正当性と，そのよ
うな職業人の存在意義があるのです。

　もっとも，正確な財務情報を出したおかげで，投資家が離散したり，
融資が打ち切られたり，取引関係が途切れたり，その結果，企業が破綻
したりすることもありますが，これは，当の企業経営が悪いのであり，
財務情報の信頼性を担保するという役割の会計監査を非難する理由には
なりません。

2　企業の発展段階と会計監査の関わり

　ところで，第 1 章の会計監査の定義で，会計監査の担い手を公認会計
士や監査法人といった職業的な監査の専門家に限定しています。もちろ
ん，会計監査それ自体は，監査の技術と会計の知識があれば，誰でもで
きるはずですし，また，公認会計士や監査法人へ払う報酬は高く，コス
トがかかることも事実です。さらに，会社法は株式会社に監査役（会）や
監査委員会の選任の規定を設けているので，それらの会計監査でも十分
ではないか，といった指摘もあります。

　この点を考えるために，図表 2 - 2 をみてください。

　ステージ 1 は，個人企業または家族経営の小規模会社です。多くの場
合は，経営者と株主ないし出資者は同一か，あるいは株主は家族や親族
で，企業規模も小さいので，経営の内容もわかりやすく，外部の利害関

図表2-2　企業の規模と利害関係者

ステージ1

ステージ2

全部，私のもの

ステージ3

一般投資家

係者も多くなく，したがって，会計監査の必要性も少ないでしょう。

　ステージ2は，株式会社ですが，オーナー兼経営者が社長をしていると思ってください。しかし，一部，外部の株主が存在し，銀行からの借入れが生じれば，会計監査の必要性が徐々に認識されることになります。とくに，外部の株主にとっては，経営内容が身近に把握できるうちはよいのですが，企業が大きくなると，しだいに，自分で経営内容を把握することが困難になり，財務諸表に頼ることが多くなります。その際，いわば，株主の代理としての監査人が財務諸表の信頼性を確かめ，報告してくれれば，助かります。

　ましてや，会社がさらに大きくなる段階で，株主や銀行などの外部からの資金調達が増え，取引先の数も種類も取引金額も多くなると，しだいに会計監査が必要な場面は増えてくるはずです。株式会社ですので，

監査役（会）や監査委員会を会社法の規定により選任することができますが，外部の利害関係者は，より明確な独立性を保ち，複雑な会計事象にも的確な判断ができる監査の専門家による会計監査を求めるようになるでしょう。

　ステージ 3 は，大規模な株式会社で，株式を上場し，銀行借入れも行い，社債も発行しているような会社をイメージしています。このような会社では，株主，銀行，取引相手等との関係を保つためにも，また，証券市場で一般投資家に対して信頼できる財務情報を開示して，自己の経営成績に相応の証券価格が形成されるためにも会計監査は欠かせなくなります。

　企業は，大きくなればなるほど，外部の利害関係者との利害の相克関係が鮮明になってきますし，さらに「所有と経営の分離」現象が一般的となり，経営者が採用する会計方針をめぐって，経営者自身も含めた利害関係者間の利害の対立も激しくなります。

　たとえば，多くの配当を求める株主と返済能力の確保を求める債権者では，経営者がとる会計方針に対して，前者はより楽観的，後者はより保守的というように正反対の要求が出てきますし，株主の間でさえ，長期利殖志向の株主と短期投機志向の株主とでは求める会計方針に違いがあります。

　これらの利害関係者は 1 つの財務諸表をめぐって自分の利益の最大化を図ろうとするのですから，財務諸表の適否の審判者である監査人にも厳正な中立性と公正不偏な判断を求めます。

　さらにまた，大きな企業は，企業組織の大規模化，経営の多角化，さらには海外への事業展開などにつれて複雑になり，会計事象に対する会計処理にあたっても経営者に高度の専門的な判断が求められ，その適否を判定する監査人にも同様に高度の専門性が求められるようになります。

また，大企業の会計監査では監査人側にも一定の人員的な規模が必要
となりますし，もし，そのような企業が全世界で事業展開し，連結財務
諸表を作成する場合，その監査を行うには，世界をカバーする監査人間
の業務ネットワークも必要になります。

　いずれにせよ，大きな企業の会計監査は，独立性と専門性をあわせ
持った職業監査人でなければ利害関係者は納得しない，という点は今日
の会計監査の性格を理解するうえで重要な点です。

3 資本市場と会計監査

　上記のステージ3のような企業について，さらに考えなければならな
い点は，このような大企業は，資本市場，なかでも証券市場という巨大
な市場のメカニズムを相手にして資金調達をしている，という点です。

　つまり，証券市場は，高業績の企業には高い証券価格，低業績の企業
には低い証券価格が付けられる，という市場のメカニズムを前提におい
て，誰でも投資に参加できる環境を提供しているのです。世界の主要国
では，この市場の機能を通して社会全体で効率的な資源配分を行おうと
しますので，この機能の正常な作動を維持することを経済政策の重要な
柱にしています。

　したがって，このような証券市場に参加する企業に対して，各国は，
それらの企業の財務諸表が，独立の職業監査人による，専門的で，厳正
で，公正不偏な会計監査を受け，その信頼性が担保されることによって
市場機能が適正に発揮されるように，法律や規則に基づく法制度的な整
備を怠りません。

　具体的には，わが国では金融商品取引法が証券市場での会計監査の制

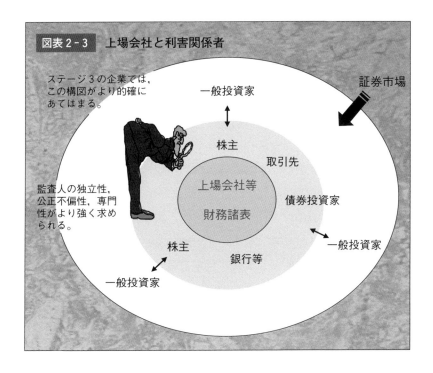

図表2-3　上場会社と利害関係者

ステージ3の企業では，この構図がより的確にあてはまる。

監査人の独立性，公正不偏性，専門性がより強く求められる。

一般投資家

株主

取引先

上場会社等
財務諸表

証券市場

債券投資家

一般投資家

株主

銀行等

一般投資家

度を規定しています。この監査制度については，次の章で述べることにしますが，図表2-3は，ステージ3の段階での企業が，株主等の直接的な利害関係者だけでなく，証券市場を通して，各国経済だけでなく，世界経済とも重要な関係を持っていることをイメージしています。

　もし，虚偽の財務諸表が公表され，これを信じた投資家が誤った投資判断をして損害をこうむると，疑念が疑念を呼び，市場の信頼性は一挙に崩れて，企業の資金調達活動だけでなく，国民の生活にも大きな悪影響を与えてしまいます。なぜなら，証券価格の下落で，自分の投資の直接の目減りだけでなく，企業年金や生命保険の基金の目減りなど，間接的な影響も計り知れない事態となるからです。

　このことは，1929年のニューヨーク・ウォール街での株式暴落に端を

発した大恐慌をはじめ，過去から現代まで，証券市場の機能不全が数々の経済危機を招いていることからも理解できます。

　また，1990年代以降，情報技術（IT）の高度化が地理的な障害を乗り越えて世界の証券市場を狭くし，とくに，インターネットの発達が，世界中の市場を常時動かし，投資資金が国境をまたいで瞬時に行き来するようになりましたので，米国や日本やEUなどの大きな市場を持つ国々の証券市場の不信がもたらす世界経済への影響は計り知れません。

　そのために，会計監査の信頼性の確保についても，世界的なネットワークでの規制が始まろうとしているのが今日の実像です。つまり，「投資家の守り神（champion for investors）」という言葉は，今日の会計監査の性格を理解するうえで欠かせない言葉なのです。

　なお，証券市場を通しての資金調達という仕組みは，実は，大企業だけの特典ではなく，創成期のよちよち歩きの企業も，その事業の一段の飛躍に大きな恩恵を与えることが，わが国でも理解され始めました。

　また，事業モデルについての特別なアイデアや技術を持つ人がいても，それを事業化するための資金がない場合に，これまでは，なかなか事業化することが困難でしたが，証券市場を通して資本を募れば，少々のリスクを冒しても，資金提供を申し出る投資家が出てくる可能性があります。

　東京証券取引所や地方の証券取引所でも，ベンチャー型の企業に対する新規の市場を開設して，このような事業機会を提供しようとしています。そして，このような企業にとっては，財務内容の適切で，透明な開示こそが，投資家をひきつける源となり，あわせて，会計監査も，その機能を十分に発揮することになります。この意味でも，会計監査の意義が理解されています。

会計監査のもう１つの役割

　ステージ３の段階での企業にとって，会計監査のもう１つの重要な役割が，コーポレート・ガバナンス（企業統治）への貢献と協力という観点です。

　大きな会社では，企業経営とその監督・監視の機能を組織内で分離させなければ，経営の実権を握る者の行動に歯止めが利かなくなり，株主の利益が無視され，また，結果として種々の外部の利害関係者の利益も損なわれるおそれがあります。

　詳しくは後述しますが，会社法は，監査役あるいは監査役会を設けて取締役会の業務執行に監視機能を働かせ，さらに，取締役会内部でも，取締役会のメンバーが代表取締役以下の業務執行を監視できるように，様々な規定を設けています。

　さらにまた，監査役または監査役会制度をとらない会社には，取締役会のなかに経営者の報酬や指名や監査についての委員会を設けて，代表取締役ならびに執行役員以下の経営業務のチェックをするような仕組みが認められました。

　このような，経営業務と監督・監視の機能とを分け，株主や各種の利害関係者の利益を守る仕組みをコーポレート・ガバナンスといいます。

　もともと，株式会社においては，監査人は株主の代理人的な役割で会計監査に従事しています。したがって，会計監査とコーポレート・ガバナンスとの関係はずいぶんと古いのです。また，大きな会社では，監査人は，会社の財務諸表の信頼性を検証し，株主や利害関係者，あるいは証券市場に結果を報告し，それを受けて，株主や利害関係者，あるいは証券市場は，株主総会や取引関係，あるいは市場を通して経営者に一定

の選択行動（たとえば，株式の売却，配当金の要求，経営者の選任や更迭，株価形成など）を採る，という意味でのコーポレート・ガバナンスへの貢献を間接的に行ってきました。

　ただ，最近の企業の不祥事が引き金となり，コーポレート・ガバナンスの強化が一段と叫ばれ，会計記録と財務諸表と会計原則（会計基準）間の整合性の欠如だけでなく，その会社の内部管理体制の不備や，場合によっては，不正や違法行為など，監査人が会計監査を実施する間に発見した様々の事実やリスクを，経営者の監督・監視にあたる人や機関に直接的に伝えてコーポレート・ガバナンスに役立て，また，そのような人や機関が問題事項やリスクに対処することで，逆に，会計監査上も効果をあげうるのではないか，という考え方が急速に強まっています。

　後に述べる監査基準で，その実施基準，一　基本原則の7において「監査人は，監査の各段階において，監査役，監査役会，監査等委員会又は監査委員会と協議する等適切な連携を図らなければならない」と規定しているのも，監査人の監査のプロセスや結果をコーポレート・ガバナンスにフィードバックするという意味が含まれています。

　もちろん，このような傾向に対して，監査人の独立性が損なわれたり，会計監査の機能が経営機構に吸い込まれたりする危険性も指摘されますが，コーポレート・ガバナンスが目指す株主や投資家の利益の擁護と会計監査の目的が理念的には一致しますので，この傾向は，徐々に，明確になろうとしています。

　具体的には，監査基準や会計監査の法制度に鮮明に反映されるようになってきましたが，わが国では，会社法の会計監査制度に顕著に現れます。会社法の会計監査制度については，第4章で述べることにします。

第 **3** 章

金融商品取引法に基づく
会計監査制度

本 章 の 要 点

① 証券市場の整備と公正な運営が経済の維持と拡大にとって不可欠
の政策で，また，その政策を確実に実現するには，企業の財務内容
の開示と会計監査の適切な実施が欠かせません。

② 金融商品取引法は，発行市場規制と，流通市場規制との２つの内
容から構成されています。

③ 発行市場規制に関わる会計監査制度は，有価証券届出書に含める
財務諸表の監査です。

④ 流通市場規制に関わる会計監査制度は，有価証券報告書に含める
財務諸表の監査と半期報告書の中の中間財務諸表に関わる期中レ
ビューおよび内部統制の監査です。

⑤ 金融商品取引法の会計監査では，監査人は財務諸表が適正に表示
されているかどうかの監査報告を行います。

⑥ 金融商品取引法の第193条の２の第１項には，金融商品取引法の
会計監査が，財務諸表を提出する会社と特別の利害関係のない公認
会計士または監査法人により実施されることを規定しています。こ
の趣旨は，監査人の専門性と独立性の確保にあります。

⑦ 監査人としての公認会計士ならびに監査法人の資格については，
公認会計士法が定めています。

1 金融商品取引法と会計監査

　企業は，その規模を拡大する過程で，外部からの資金調達をしなけれ
ば，自己の経営を維持したり，さらに拡張したりすることが，事実上，
不可能となります。また，創成期の企業や新たな事業計画に対しても，
実は，証券市場は大きな事業機会と資金を提供できる場所です。

　その意味で，各国政府は，証券市場の整備と公正な運営が自国の経済
の維持と拡大にとって不可欠の政策であるとして熱心に取り組んできま
した。そして，その政策を確実に実現するには，企業の財務内容の開示
と会計監査の適切な実施が欠かせないことも共通に理解されているとこ
ろです。図表3－1は，この間の関係を示しています。

　わが国では，第二次世界大戦が終了した後，疲弊した経済を立て直す
ために，外国から投資資金を導入し，また，民主的な経済運営を図るた
めに，アメリカの1933年証券法，ならびに1934年証券取引所法をモデル
にして，昭和22（1947）年に証券取引法が制定されました。さらに，平
成18（2006）年には，証券取引法の名称が「金融商品取引法」に改めら
れました。

　金融商品取引法第1条「この法律は，企業内容等の開示の制度を整備
するとともに，金融商品取引業を行う者に関し必要な事項を定め，金融
商品取引所の適切な運営を確保すること等により，有価証券の発行及び
金融商品等の取引等を公正にし，有価証券の流通を円滑にするほか，資
本市場の機能の十全な発揮による金融商品等の公正な価格形成等を図り，
もって国民経済の健全な発展及び投資者の保護に資することを目的とす
る」という条文には，「国民経済の健全な発展」と「投資者の保護に資
する」という2つの目標が掲げられていますが，この目標に関連して，

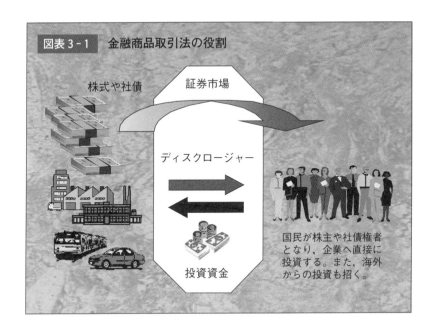

図表3−1　金融商品取引法の役割

株式や社債　　　証券市場

ディスクロージャー

投資資金

国民が株主や社債権者となり，企業へ直接に投資する。また，海外からの投資も招く。

財務内容開示制度と会計監査制度が設けられています。

　この法律の会計監査制度の目的は，投資者のために株式等の金融商品発行者が開示する投資情報としての財務諸表について，その発行者とは独立の関係にある監査人（公認会計士または監査法人）が監査を行い，その信頼性を担保し（その担保に失敗すれば，監査人は投資者に相応の賠償をすることを含めて），もって投資者が安心して投資情報に依拠した投資判断ができるような環境を形成することを通して投資者の保護に資することにあります。そして，このことが，有価証券市場における資本の効率的な配分を保証し，また，経済の振興と国民経済の適切な運営に寄与することになるのです。

　なお，金融商品取引法の会計監査制度について，もう１つ，付け加えておきたい点は，この法律の前身である証券取引法が昭和23（1948）年

に改正されたときに公認会計士法が制定され，会計監査制度を専門に担う資格者としての公認会計士の制度が導入された点です。

その後，いくつかの紆余曲折がありましたが，昭和41（1966）年には，監査法人制度が発足し，今日の職業監査人の姿ができあがりました。なお，公認会計士制度については，後に述べることにします。

2 会計監査制度の内容

金融商品取引法は，発行市場規制と流通市場規制の2つの内容から構成されています。前者は，証券をこれから発行しようとする段階で，公正な発行を促す目的で，発行者，証券発行の仲介者，その他の関係者の規制をします。また，後者は，いったん，証券を発行した後に，市場での証券の公正な取引と流通を促すために，同じく，関係者の規制をします。

この2つの規制に合わせて，有価証券届出書（とどけでしょ）と有価証券報告書の2つの企業内容開示制度があります。

有価証券届出書は，有価証券の募集または売出しが内閣総理大臣に届け出られる際に提出される書類で，受理されて15日後に，募集または売出しの効力が発生します。また，この書類の写しは，その証券が上場されている証券取引所等に提出し，公衆の閲覧（縦覧（じゅうらん）といいます）の対象になります。さらに，有価証券届出書の発行会社は，目論見書（もくろみしょ）を発行して，募集または売出しの勧誘にあたって投資者に交付する必要があります。図表3-2を参照してください。

一方，有価証券報告書は，証券取引所に上場されている証券の発行会社，その他，金融商品取引法の規制対象証券の発行会社が，事業年度経

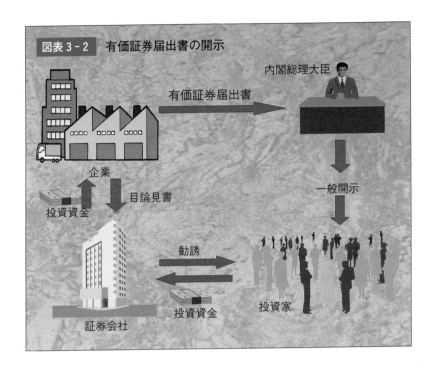

過後3か月以内に内閣総理大臣に提出することを求められる書類で，同じく，その写しは証券取引所等に提出され，公衆の閲覧（縦覧）の対象になります。図表3-3を参照してください。

　そして，有価証券届出書と有価証券報告書の中には，「財務計算に関する書類」つまり財務諸表が含まれ，それらの監査報告（これを，証券取引法では「監査証明」といいます）を担当するための資格者として公認会計士または監査法人が存在するのです。

　また，有価証券報告書は，決算期後に届け出て，開示する書類ですが，1年に一度だけですので，タイムリーな開示とはいえません。この欠点を補うために，事業年度開始後6か月間の事業内容を開示する半期報告書の制度とそこに含める中間財務諸表の監査（これを中間監査といいま

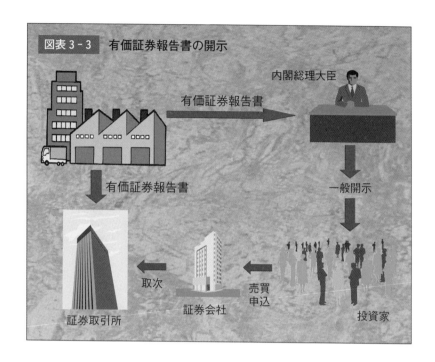

図表3-3　有価証券報告書の開示

内閣総理大臣

有価証券報告書

一般開示

有価証券報告書

取次　　　　売買
　　　　　　申込

証券取引所　証券会社　　　　　　投資家

　す）が制度化されましたが，平成20（2008）年からは，さらに3か月ごとに企業内容の開示を行う四半期報告書が制度化され，そこに含める四半期財務諸表の四半期レビューが開始されました。また，有価証券報告書の提出会社については，財務報告の信頼性を確保するための内部統制の監査も実施されることになりました。

　しかし，令和6（2024）年4月以降の会計年度から，四半期報告書は廃止され，半期報告書の制度に変わりました。四半期毎の報告にかかる企業の負担を軽減するためです。ただ，これでは企業内容の開示が後退するために，代わりに第一四半期と第三四半期には，証券取引所が従来の決算短信を拡充した開示を求めることになりました。

　この制度改正の結果，四半期レビューの法制度はなくなり，半期報告

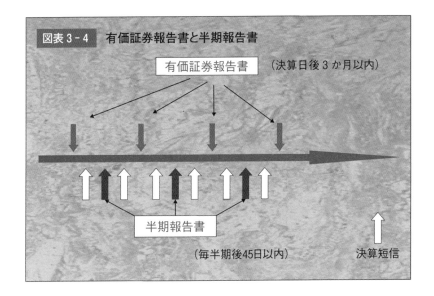

書の中の中間財務諸表のレビュー（期中レビュー）を年度財務諸表の監査人に求める，という仕組みに変わりました（図表 3 - 4 を参照してください）。期中レビューについては，第13章で解説します。

　以上の会計監査制度の根拠になっているのが，金融商品取引法の第193条の 2 の第 1 項「金融商品取引所に上場されている有価証券の発行会社その他の者で政令で定めるものが，この法律の規定により提出する貸借対照表，損益計算書その他の財務計算に関する書類で内閣府令で定めるものには，その者と特別の利害関係のない公認会計士又は監査法人の監査証明を受けなければならない」という規定です。

　したがって，金融商品取引法の会計監査制度というのは，一般的には，以下の 4 つからなるのです。

　①　有価証券届出書の会計監査制度
　②　有価証券報告書の会計監査制度

③　半期報告書の中間財務諸表の期中レビュー制度

④　内部統制の監査制度

　また，財務計算に関する書類としては，貸借対照表，損益計算書，キャッシュ・フロー計算書，その他（これらには親子関連企業グループでの連結情報と親会社単独の個別情報がある）が含められます。

　これらは，「企業内容等の開示に関する内閣府令」，「企業内容等開示ガイドライン」，「連結財務諸表の用語，様式及び作成方法に関する規則」（連結財務諸表規則），「財務諸表等の用語，様式及び作成方法に関する規則」（財務諸表等規則），「半期連結財務諸表の用語，様式及び作成方法に関する規則」（半期連結財務諸表規則），および「半期財務諸表等の用語，様式及び作成方法に関する規則」（半期財務諸表等規則）に準じて作成されることになっており，これらに公認会計士または監査法人の監査報告書や期中レビュー報告書が付されるのです。

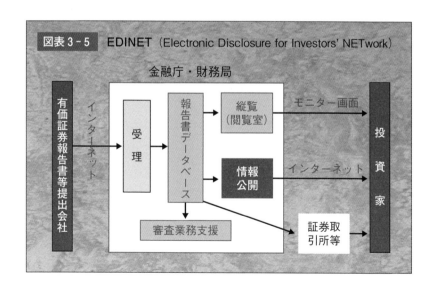

図表3-5　EDINET（Electronic Disclosure for Investors' NETwork）

金融庁・財務局

　なお，銀行や保険等の会社は従来から半期報告書の作成と開示が義務付けられ，中間監査を受けますが，これらは例外的なものとして，本書での説明は省きます。

　ここで，今日の情報化社会に合わせて，情報開示に電子開示方式が採り入れられました。これを EDINET（Electronic Disclosure for Investors' NETwork）といいますが，今や，この方式での財務開示が主流となりました（図表 3 – 5 ）。

3 監査報告書

　金融商品取引法の監査にあたって，監査人が財務諸表に添付する監査報告書には，以下の事項が明確に区分して記載されます。これらの記載事項は，監査基準，ならびに「財務諸表等の監査証明に関する内閣府令」（一般には，「監査証明府令」といいます）に規定されていますが，記載事項の詳細は，主として，第11章を参照してください。

　表題，宛先，監査人名等 ：　表題は「独立監査人の監査報告書」です。宛先は，被監査会社の名称を付した取締役会とするのが一般的です。公認会計士または監査法人の代表者が作成の年月日を付して自署押印します。さらに監査法人の場合は，監査業務を執行した社員も自署押印します。

　監査意見 ：　監査の対象となった財務諸表等が，一般に公正妥当と認められる企業会計の基準に準拠して，当該財務諸表等に係る事業年度（連結財務諸表の場合には，連結会計年度）の財政状態，経営成績およびキャッシュ・フローの状況をすべての重要な点において適正に表示しているかどうかについての意見を記載します。

監査意見の根拠 ： 監査人は，わが国において一般に公正妥当と認められる監査の基準に準拠して監査を行い，意見表明の基礎となる十分かつ適切な監査証拠を入手したと判断していること等を記載します。

監査上の主要な検討事項 ： 当年度の財務諸表の監査において，特別な検討を必要とするリスクや不確実性が高いと識別された会計上の見積り等のうち，監査人が特に重要であると判断し，監査役等とコミュニケーションを行った事項から選択し，記載します。

財務諸表に対する経営者ならびに監査役および監査役会の責任 ： 経営者の責任は，一般に公正妥当と認められる企業会計の基準に準拠して財務諸表を作成し適正に表示することにあること，これには不正または誤謬による重要な虚偽表示のない財務諸表を作成し適正に表示するために経営者が必要と判断した内部統制を整備および運用することが含まれること，さらに財務諸表を作成するにあたり，継続企業の前提に基づき財務諸表を作成することが適切であるかどうかを評価する責任があること等，監査役および監査役会の責任は，財務報告プロセスの整備および運用における取締役の職務の執行を監視することにあることを記載します。

財務諸表監査における監査人の責任 ： 監査人の責任は，監査人が実施した監査に基づいて，全体としての財務諸表に不正または誤謬による重要な虚偽表示がないかどうかについて合理的な保証を得て，監査報告書において独立の立場から財務諸表に対する意見を表明することにあることを記載します。さらに，監査人は我が国において一般に公正妥当と認められる監査の基準に従って，監査の過程を通じて職業的専門家としての判断を行い，職業的懐疑心を保持して，不正または誤謬による重要な虚偽表示リスクを識別し，評価するこ

と，また，重要な虚偽表示リスクに対応した監査手続を立案し，実施すること，財務諸表監査の目的は，内部統制の有効性について意見表明するためのものではないが，監査人は，リスク評価の実施に際して，状況に応じた適切な監査手続を立案するために，監査に関連する内部統制を検討すること等も記載します。

利害関係　：　会社と監査を実施した公認会計士，あるいは監査法人または業務執行社員との間には，公認会計士法の規定により記載すべき利害関係はないことを記載します。

4 監査人としての公認会計士

　金融商品取引法の第193条の2の第1項には，金融商品取引法の会計監査が，財務諸表を提出する会社と特別の利害関係のない公認会計士または監査法人により実施されることが規定されていますが，ここで，監査人としての公認会計士について説明します。

　まず，公認会計士の身分，資格，組織，責任などの要件と資格の根拠は公認会計士法で規定しています。同法は，昭和23（1948）年に，証券取引法監査の担い手としての公認会計士を創設するために制定されたものですが，その後，いくつかの改正を受け，直近の改正は2022年です。

　その第1条で，公認会計士の使命として，「公認会計士は，監査及び会計の専門家として，独立した立場において，財務書類その他の財務に関する情報の信頼性を確保することにより，会社等の公正な事業活動，投資者及び債権者の保護等を図り，もって国民経済の健全な発展に寄与することを使命とする」と規定しています。

　また，第2条第1項で「公認会計士は，他人の求めに応じ報酬を得て，

財務書類の監査又は証明をすることを業とする」と規定していることからもわかるように，公認会計士は，基本的には，財務書類の監査を専門とする資格者ですが，同条第2項で「他人の求めに応じ報酬を得て，財務書類の調製をし，財務に関する調査若しくは立案をし，又は財務に関する相談に応ずることを業とすることができる」とあります。

　もちろん，その資格を得るためには，公認会計士法に基づく資格試験に合格し，日本公認会計士協会に備える公認会計士名簿に登録をしなければなりません（公認会計士法第17条，第18条）。登録された公認会計士の数は，令和5年（2023）7月末現在で35,000人です。

　そして，同法第24条に，①公認会計士またはその配偶者が，役員，これに準ずる者，財務に関する事務の責任ある担当者であり，または過去1年以内にこれらの者であった会社等の財務書類，②公認会計士がその使用人であり，または過去1年以内にこれらの者であった会社等の財務書類，③その他公認会計士が著しい利害関係（さらに詳細な規定は，公認会計士法施行令第7条と公認会計士等に係る利害関係に関する内閣府令を参照）を有する会社等の財務書類については監査証明業務を行うことができないものと規定しています。

　さらに，監査を受ける会社から，一定の非監査証明業務により継続的な報酬を受けている場合は監査業務を禁止すること（第24条の2），7会計期間を超えては継続して同一の企業の監査を禁止すること（第24条の3），さらに大会社等に対して行う監査業務は，原則的には単独では行えないこと（第24条の4）などの規定も設けています。

　なお，これらに関連して，公認会計士は，会社等に対して監査証明業務を行った会計期間の翌会計期間終了までの間は，当該会社（連結子会社も含む）等の役員等に就いてはならないことも規定（第28条の2）していますが，これも，役員への就任を約束したり，役員の立場から以前の

同僚や部下に圧力をかけたりすることで公正不偏な監査判断が損なわれるおそれを未然に防ぐ目的があります。

　これらは、いずれも、監査人としての独立性を確保するための規定で、金融商品取引法の会計監査を律する「財務諸表等の監査証明に関する内閣府令」（監査証明府令）第2条にも適用が規定されていますが、公認会計士として監査業務を実施するときの一般的な欠格要件でもありますので、次章で述べる会社法の会計監査の実施にも該当することになります。

5 監査人としての監査法人

　監査法人の制度は、昭和41（1966）年の公認会計士法の改正で生まれました。それ以前は、公認会計士は個人で監査業務に従事することになっていました。しかし、企業が大規模化し、物理的にも、人員的にも、能力的にも、個人では監査業務を実施することが困難になり、さらに大きな問題として、そのような大企業に対して独立性を保てないという実態が、いくつかの企業の粉飾倒産事件で明らかになったのです。令和5（2023）年7月末現在の監査法人数は、4つの大規模な法人を含めて283であり、それらが会計監査の業務の大部分を実施しています。

　公認会計士法によれば、監査法人は、出資社員（5人以上の公認会計士を含み、かつ社員の過半数を公認会計士で占める必要がある）が定款を設けて、事務所の所在地に設立登記し、内閣総理大臣に届け出ることで監査業務を実施できます。

　公認会計士である社員のみが監査証明業務を執行する権利を有し、義務を負います。また、監査法人には無限責任法人と有限責任法人があり

ます。無限責任監査法人の場合，監査法人を代表する社員が監査法人の業務に関するすべての責任を負うが，特定の監査証明業務において，業務を執行する権利を有し，義務を負う指定社員を指定したときは，監査法人の財産をもって完済できない債務について指定社員が弁済の責任を負うことになります。

　有限責任監査法人の場合，法人は社員の出資額を限度として監査法人の債務を弁済する責任を負うが，特定の監査証明業務について社員を指定しなければならず（指定有限責任社員），監査法人の財産をもって弁済できない債務については，この指定社員は無限責任を負うことになります。

　会計監査を監査法人が行うには，①監査を受ける会社（連結子会社も含む）との間に株式所有や出資の関係がないこと，②社員本人が，その会社との間に，役員，これに準ずる者，財務に関する事務の責任ある担当者であり，または過去1年以内にこれらの者であったという関係がないこと（なお，社員の配偶者が会社の役員等である場合については，その社員が監査証明業務に関与する場合を除いて業務制限を受けない），③監査証明業務に関与した社員が，その会計期間あるいは翌会計期間にその会社（連結子会社も含む）の役員またはこれに準ずる者となるという関係がないこと，④その他監査法人がその会社（連結子会社も含む）との間に，営業や経理その他に関して著しい利害関係（さらに詳細な規定は公認会計士法施行令と公認会計士等に係る利害関係に関する内閣府令を参照）がないことが求められています。

　さらに，監査を受ける会社（連結子会社も含む）から，一定の非監査証明業務により継続的な報酬を受けている場合の監査業務の禁止，大会社等の財務書類について特定の社員による7会計期間を超えての継続した同一の企業の監査の禁止などの規定も設けています。さらに，大規模

監査法人の場合，上場会社の財務書類の監査証明業務に関わった社員の統括者は5会計期間を超えて継続した監査をすることはできません。

　また，監査法人は，業務を公正かつ的確に遂行するために業務管理体制を整備することが求められ，内閣総理大臣は，監査法人がこの法律またはこの法律に基づく命令に違反したとき，または監査証明業務の運営が著しく不当と認められる場合において業務の適正な運営を確保するために必要であると認めるときは，必要な指示を行い，監査法人がその指示に従わないときは，戒告等の処分をすることができます。

6　上場会社等監査人登録制度

　公認会計士または監査法人が，金融商品取引法の定めにより，上場会社，その他，政令で定める者の財務書類を監査する場合，日本公認会計士協会が備える上場会社等監査人名簿に登録しなければなりません。

　この名簿登録にあたり，申請者は，上場会社等の監査人として適確かどうかを日本公認会計士協会が設ける上場会社等登録審査会により審査され，この審査を通って初めて名簿登録が認められます。

　審査は，とくに業務管理体制が整備されているかどうかが，中心となりますが，上場会社等の財務書類の信頼性の確保は社会経済的にも重要であり，これを監査する監査人にも，監査の品質が一定以上に保たれることが求められることから，このような制度が法定化されました。

7 監査人の責任

　金融商品取引法の規定では，有価証券届出書や有価証券報告書に係る監査証明に関して，「当該監査証明に係る書類について記載が虚偽であり又は欠けているものを虚偽でなく又は欠けていないものとして証明した公認会計士又は監査法人」に対して損害賠償責任を課し，また，監査人側は，虚偽の証明について故意または過失がなかったことを立証しない限り責任を免れないとし，そのうえで，虚偽証明自体については懲役，または罰金の刑が科されます。

　さらに，監査人には公認会計士法に基づく行政処分があり，基本的には，戒告，2年以内の業務の停止，登録の抹消の3種類があります（第29条）。

　とくに，公認会計士が，故意に，虚偽，錯誤または脱漏のある財務書類を虚偽，錯誤および脱漏のないものとして証明した場合は2年以内の業務停止または登録の抹消，また，相当の注意を怠り，重大な虚偽，錯誤または脱漏のある財務書類を重大な虚偽，錯誤および脱漏のないものとして証明した場合は，戒告または2年以内の業務停止の処分を内閣総理大臣は行うことができ，監査法人の業務執行の社員にも適用されます。さらに，内閣総理大臣は，監査証明業務の適正な運営を確保するための必要な指示をすることができます。

　また，監査法人の場合にも，社員が故意や相当の注意を怠った証明を行った場合は，その社員に上記相当の処分と，監査法人に対して，業務管理体制改善の命令，戒告，2年以内の業務の全部または一部の停止，または解散命令の処分が内閣総理大臣により行われます。

　さらに，これらに併せて，内閣総理大臣は，公認会計士または監査法人に対して課徴金を国庫に納付することを命じることもできます。

第4章

会社法に基づく会計監査制度

本 章 の 要 点

① 商法の会社法関連規定をまとめて，「会社法」が施行されること
になり，そこでは会計監査人制度が大会社以外でも利用可能となり
ました。

② 会社法が会計監査人の会計監査制度を入れたのは，会計と監査に
関する専門的能力を持つ公認会計士ないし監査法人に，独立の立場
から会計監査を行わせ，株式会社の会計の健全化の担い手にしよう
というものです。

③ 公認会計士または監査法人を資格者とする会計監査人の会計監査
を義務付けた背景には，わが国の株式会社機構における種々の特質
がありました。

④ 経営に関して責任を有する取締役は，彼らに資金を託した株主に，
自分の責任の履行状況を財務諸表によって報告するのですが，その
信頼性のチェックを会計監査が行う，という意味で，会計監査は会
社のコーポレート・ガバナンスの仕組みの基本的な必須要件と理解
されています。

1 商法および会社法と会計監査

　明治23（1890）年に，わが国で商法が初めて制定されて以来，今日まで，商法は，会社一般の規律法として，その地位を確保し，とくに，株式会社の年次計算書類（財務諸表）の監査については，商法制定当初から，監査役による実施を義務付けてきました。ただし，監査役には，計算書類の監査だけでなく，取締役の業務行為の監査までも含む，包括的な権限が付与されていました。

　図表4-1は，株主総会が自分の代表として監査役を選任し，監査を通して取締役の行為を監視するという，商法の基本的な仕組みを示しています。

　しかし，監査役監査の形骸化によるコーポレート・ガバナンスの面からの監査役制度の機能不全の問題は，商法制定当初から今日まで延々と論議され，このような監査役による計算書類の監査の機能を補完するとの期待をもって，昭和49（1974）年に，「株式会社の監査等に関する商法の特例に関する法律」（以下，商法監査特例法）による会計監査人監査が制度化されました。

　その狙いは，会計と監査に関する専門的能力を持つ公認会計士ないし監査法人に，独立の立場から会計監査を行わせ，株式会社の会計の健全化の担い手にしようというものでありました。

　ただ，独立の職業監査人による財務諸表の監査は，その担い手の公認会計士制度とともに証券取引法が先行させた制度ですし，しかも，商法監査特例法の適用範囲も，後述するように，大会社に限定されたために，事実上，証券取引法（現行の金融商品取引法）と商法の会計監査制度が多くの会社でオーバーラップするという事態になりました。

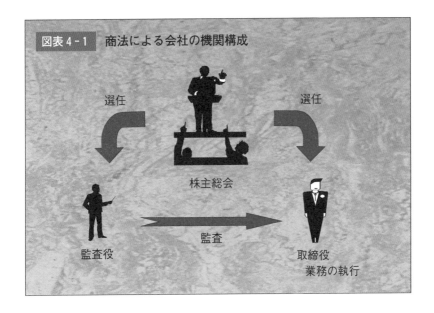

図表4-1　商法による会社の機関構成

選任

選任

株主総会

監査

監査役

取締役
業務の執行

　その意味では，商法ないし会社法の会計監査は，いわば，株式会社の会計監査制度の基本にあたるのにもかかわらず，わが国では，株式会社法制が証券行政から借用した形で船出しました。本来，多くの国では，近代の会計監査は，株式会社における取締役の受託責任を説明するための決算財務諸表の監査を商法ないし会社法が規定し，もって，株主自治ないしコーポレート・ガバナンスの機能を支援する，という法制度として生まれ，その機能をさらに強化するための存在として職業会計士が育^{はぐく}まれました。

　以下，このような商法および会社法の会計監査制度を，とくにコーポレート・ガバナンスとの関連という観点からみることとします。

2 会計監査制度の成立

　まず，公認会計士または監査法人を資格者とする会計監査人の会計監査を義務付けた，商法監査特例法の成立にいたるプロセスを，若干，歴史的にみてみましょう。というのも，この成立の背景には，わが国の会社機構におけるコーポレート・ガバナンス機能の特質がありました。

　監査役は，わが国最初の商法に盛り込まれたのですが，この法律は，以降の株式会社における，株主総会，取締役，および監査役からなる3機関構成を決定付けることになりました。

　その後，明治32（1899）年に公布施行された新商法へと移っても，3機関構成は引き継がれました。しかし，この監査役制度も，その実態については批判が多く，とくに，日露戦争（1904～5年）を境に多くの会社が設立されたのですが，監査役制度の形骸化は指摘され続けました。

　監査役規定の抜本的な改革が行われたのは，昭和25（1950）年の商法改正です。当時の連合国軍占領下という事情もあり，この改正は英米の会社法の影響が強く，とくに代表取締役ならびにそれを監督する機関としての取締役会制度の新設は画期的でしたが，これは監査役制度に大きな影響を与えました。

　つまり，監査役の権限は会計監査（計算書類の監査）に限定されることになったのです。これは，取締役会との間に代表取締役に対する監視・監督機能の重複があり，いわゆる監査役の業務監査権は不要である，との理由でした。

　もともと，監査役制度はドイツ商法的な二元機構（監査役会の監視監督のもとに取締役を置く会社機構）をわが国のためにアレンジしたものでしたので，英米法的な一元機構（取締役会が経営意思決定と経営担当

図表4-2　昭和25年改正商法の会社機関構成

者の監督にあたる）とは会社機構の設計を異にしたのです。

　ところが，この改正は監査役監査の無機能化をさらに促進させることになりました。計算書類の監査に職務が限定されたために，経営業務への監視機能が後退し，ましてや監査役は会計監査の専門家である必要もなく，単に取締役，支配人，使用人との兼任を禁止されているにすぎませんでしたので，結局は，計算書類の監査さえも有効に機能せず，つまりは，人事権を掌握する代表取締役を頂点とした会社の管理構造の一部に組み込まれていったのです（図表4-2）。

　しかし，こうした実態は早々に表面化し，監査制度が役立っていないことへの痛烈な社会的批判が寄せられることになりました。その契機が，昭和30年代後半以降の，会社の粉飾倒産その他の不祥事の頻発でした。

そして，これらの動きを受けて，ついに昭和49年に改正商法ならびに商法監査特例法が公布されたのです。

その改正商法ならびに監査特例法の骨子は，次のとおりでした。

① 監査役に従来の計算書類の監査権の他に業務監査権を付与（監査役は取締役の職務の執行を監査する）。ただし，資本金が１億円以下の会社（小会社）の監査役は計算書類の監査権のみ。任期を２年内とし，その会社または子会社の取締役，支配人，その他の使用人との兼任を禁じ，従来の営業報告請求権，業務財産調査権のほかに，子会社営業報告請求権，子会社業務財産調査権，取締役に対する行為差止請求権，監査役選任に関する意見陳述権，訴の会社代表権等が加えられた。

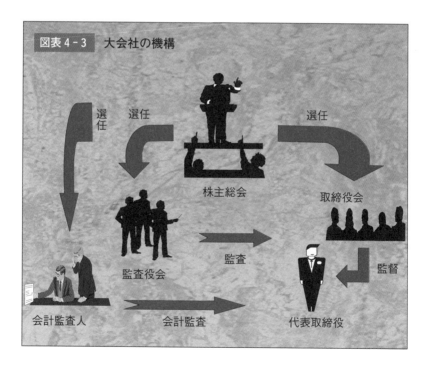

図表 4 - 3　大会社の機構

②　資本金が5億円以上の会社（大会社）は，監査役監査の他に，取締役会が選任する公認会計士または監査法人を資格者とする会計監査人監査を受ける（証券取引法非適用会社で資本金10億円未満の会社は別に法律で定める日まで適用しないとしたが，昭和56（1981）年に解除と同時に，負債総額200億円以上の会社も大会社に加えられた）。

つまり，この改正の要点は，監査役の制度を残し，業務監査権を与えて，その権限を旧に復したこと（平成5（1993）年には監査役会制度を導入），ならびに大会社に対して職業会計士の会計監査制度を導入したことの2点です（図表4-3）。

3　会計監査制度の展開

商法および商法監査特例法は，その後も，監査制度についての改正を重ねました。まず，昭和56年改正商法では監査役の従来の権限に加えて，取締役会招集請求権を付与するなどの改正が加えられ，また，大会社（会計監査人監査対象会社）としての従来の経過措置（資本金10億円未満の会社の除外）を撤廃し，さらに負債総額200億円以上の会社を加えました。そして，会計監査人の選任権は株主総会に移され（議案は監査役の過半数の同意が必要），その他の資格，選解任に関する規定が改められました。

またさらに，大会社の監査役の員数を2人以上，うち互選で選ぶ常勤監査役を必置とし，会計監査人の監査報告書に不適法意見がなく，かつその結果を監査役が相当と認めれば，計算書類は株主総会の承認決議を要しないとしました。なお，昭和57（1982）年には「大会社の監査報告

書に関する規則」（法務省令）が公布され，大会社の会計監査人ならびに監査役の監査報告書の記載事項が規定されています。

　次いで，平成5年改正商法では，監査役の任期を3年内とし，さらに監査特例法において大会社の監査役の員数を3人以上に増し，うち1人以上は社外監査役（就任前5年間，その会社または子会社の取締役または支配人その他の使用人でなかった者）とし，監査役会を構成させることとしました。

　また，平成13（2001）年改正で，社外監査役を半数以上とし，その資格要件を，就任前，その会社または子会社の取締役または支配人その他の使用人でなかった者，として厳しくしました。

　平成14（2002）年改正では，委員会等設置会社へ移行した会社につい

図表4-4　大会社の機構（指名委員会等設置会社）

ては監査役会を廃止することにし，連結計算書類（連結財務諸表）に対する会計監査人の会計監査を義務付け，また，「みなし大会社」の制度を創設して，資本の額が 1 億円を超える会社については，定款の規定をもって，会計監査人の監査を受けることができるようにしました。

　さらにその後の改正で，委員会等設置会社を委員会設置会社と改め，さらに，後述する平成26（2014）年の会社法改正で指名委員会等設置会社と改められました（図表 4 - 4 ）。

　指名委員会等設置会社は，アメリカなどの国々の大きな会社で採用されている会社機構であり，取締役会の機能を監視機能に集約させ，業務執行は取締役会が選任した執行役にあたらせます。ただ，取締役は執行役を兼務することもできます。

　指名委員会等設置会社の取締役会には，指名委員会（取締役の選任と解任に関する議案の決定），報酬委員会（取締役と執行役の個人別の報酬額の決定），ならびに監査委員会を設け，各委員会は 3 人以上の取締役で構成され，その過半数は社外取締役でなければなりません。

　このうち，監査委員会（audit committee）は，世界の多くの大企業に共通する会社機構ですが，商法監査特例法に基づく監査委員会の基本的な権限は，取締役および執行役の職務の執行の監査，ならびに株主総会に提出する会計監査人の選任と解任に関する議案の決定です。

　また，監査委員会は監査委員を指名し，各監査委員は，他の取締役や執行役に対して営業報告請求権，業務財産調査権を行使でき，そのほかに，子会社営業報告請求権，子会社業務財産調査権，取締役や執行役に対する行為差止請求権，訴の会社代表権等など，監査役に与えられるのと同等の権限が与えられています。

4 新会社法の会計監査制度

　前節で，商法の会計監査関連の制度の展開を詳しく説明した理由は，平成17（2005）年に，商法の会社法関連の規定（有限会社法も含む）を整理，統合したうえで，新しい会社法制に移行するための「会社法」が成立し，その監査制度関連規定が，これまでの展開を土台にしているからです。

　「会社法」は，株式会社を，大会社（範囲は従来と同じ）とそれ以外の会社，公開会社と株式譲渡制限会社（株式の譲渡は，取締役会設置会社では取締役会，取締役制の会社では株主総会が承認し，事実上の閉鎖会社）の2通りの分け方をして，会社機関構成の自由度を増したうえで，会計監査制度を規定しています。

　「会社法」の特徴は，大会社以外の株式会社にも会計監査人の選任の余地を認めたこと（「みなし大会社」は廃止），大会社で，かつ公開会社である会社以外の会社には，それぞれの必要に応じて，機関構成の選択肢を広めたことです。

　なお，「会社法」は会計参与という，会社内部の計算書類作成役員としての新しい機関を設けています。これは，公認会計士（または監査法人）か税理士（または税理士法人）が資格者で，すべての会社で定款の規定によって選任が可能ですが，主に，会計監査人の選任が費用の関係で難しい中小企業等で，計算書類の信頼性を高めたいときに採用されています。しかし，監査をするわけではありませんので，監査制度と混同しないでください。

　さらに，平成26（2014）年に会社法が大きく改正され，監査等委員会設置会社という新しいタイプの会社機関構成が設けられました。これは

取締役の監督機能の充実という観点から，自らは業務執行に従事しない取締役 3 人以上（うち過半数は社外取締役であり，任期は 2 年）を監査等委員として株主総会で選任し，合議体の監査等委員会を設置するものです。これにより，業務執行に従事しない社外取締役を複数置くことで監査の機能を強化し，経営者の選定や解職等の決定にも関与することで監督機能も果たさせようとする狙いがあります。

　監査等委員には，取締役の選任・解任・辞任に関する意見陳述権や取締役の報酬等に関する意見陳述権という大きな権限が与えられると同時に，業務財産調査権，不正行為等に関する取締役会への報告義務や違法行為等差止請求権，取締役会の招集権などの監査役と同等の権限も付与されます。なお，監査等委員会を設置する会社は会計監査人を選任しなければなりません。監査等委員会が会計監査に関する独立の専門家である会計監査人と連携することで，会社のコーポレート・ガバナンスの機

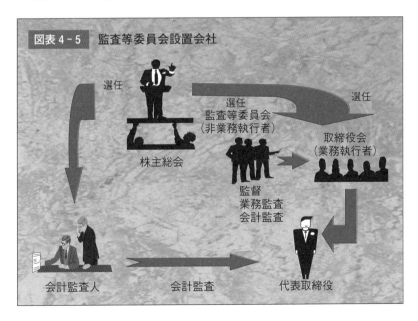

図表 4 - 5　監査等委員会設置会社

| 図表4-6 | 会社の機関構成と監査制度 | | | | | |

分　類		取締役会	監査役	監査役会	会計監査人	会計参与
公開会社	大会社	必置	必置	必置	必置	任意
	非大会社			任意	任意	
非公開会社 (株式譲渡制限会社)	大会社	任意 (監査役会を設置 するとき必置)	必置	任意	必置	任意
	非大会社 (会計監査人設置)		必置		設置の場合	
	非大会社 (会計監査人非設置)		取締役会を置く ときのみ必置		非設置の場合	
指名委員会 等設置会社	公開・非公開・ 大会社・非大会 社に関係なし	必置	非設置	非設置	必置	任意
監査等委員 会設置会社	同上	必置	非設置	非設置	必置	任意

能向上が見込まれているからです（図表4-5）。

　さらに，令和3（2021）年3月1日に，改正会社法が施行され，上場会社等の社外取締役設置が義務化されました。ここで，上場会社等とは，公開会社，大会社，監査役会設置会社，発行株式について有価証券報告書の提出義務がある，という4つの要件を満たす会社を指します。これまでも，上場会社等は株主総会で理由を説明すれば社外取締役を置かないでもよい，という規定でしたが，これが強化されたのです。これも，コーポレート・ガバナンスの強化の方針に沿った改正です。

　監査等委員会設置会社も含めた株式会社の監査制度を一覧表にして示せば，図表4-6のようになります。

5 会計監査人

　ここで，会計監査人の選解任，報酬の決定，資格要件，ならびに権限について説明します。

　まず，会計監査人の選任と解任は株主総会で行いますが，選解任に関する議案の決定権は，監査役（監査役会設置会社にあっては監査役会），指名委員会等設置会社にあっては監査委員会，監査等委員会設置会社にあっては監査等委員会が有します。

　これは平成26年の会社法改正で規定されたのですが，以前は取締役（監査委員会を設置する会社は監査委員会）に議案の決定権があり，監査役（会）には同意権だけが与えられ，そのために取締役と会計監査人との間に，監査の依頼人と受嘱人という関係が生まれ，会計監査人が問題を自由に指摘できないという批判がありましたので，これが改良されました。

　なお，選任と解任に関しては会計監査人に株主総会出席と意見陳述権が与えられ，会計監査人が会社側から一方的に権利と義務の行使を封じられることがないようにしています。

　ただし，監査報酬の決定権は取締役にあり，監査役（会）や監査委員会や監査等委員会には同意権のみが付与されています。これは，報酬の支払いは取締役の業務執行権の一部だとされているからです。

　会計監査人は，公認会計士（外国公認会計士を含む）または監査法人でなければなりません。ただし，①公認会計士法第24条，または第34条の11の規定（独立性ならびに著しい利害関係に関する規定）に抵触する者，②会社の子会社，またはその取締役もしくは監査役から公認会計士または監査法人の業務以外の業務で継続的な報酬を得ている者，または

その配偶者，③業務停止処分中の者，④監査法人で社員中に③の者がある場合，または，⑤監査法人の社員の半数以上が②の者であるものは会計監査人になれないという資格抵触条項があります。

　なお，監査法人が選任された場合，その社員のなかから会計監査人の職務を行う者を選定し，会社に通知します。

　会計監査人の任期は，就任後１年以内の最終の決算期に関する定時総会の終結の時までで，その総会で別段の決議がなければ自動的に再任されることになっています。

　その権限は，株主総会に提出する計算書類（連結計算書類を含む）の会計監査で，その権限の行使のために，会計帳簿・書類の閲覧・謄写権，会計報告請求権，業務財産調査権，対子会社会計報告請求権・業務財産調査権が与えられます。また，取締役や執行役の不正行為等については，監査役あるいは監査委員会に報告する義務が課されます。また，取締役や監査役との連帯で，会社および第三者に対する損害賠償責任があり，さらに「会社法」により，株主代表訴訟の対象にもなりました。

　いずれにせよ，会社法で会計監査人の会計監査制度を入れたのは，職業的監査人としての独立性と専門性を活かして，株式会社の財務報告の信頼性を担保しようとしたものです。

　なお，会計監査人には，契約当事者である会社と第三者に対する，虚偽証明の場合の損害賠償責任が課され，あわせて，不正の請託を受けて賄賂（わいろ）を収受し，あるいは要求または約束をしたとき，懲役または罰金に処せられます。また，刑に科せられない場合にも，虚偽証明には過料（かりょう）に処せられます。さらに，これらの刑罰や過料に加えて，前章で説明した行政処分が公認会計士法に基づいて行われます。

6　会計監査人の監査報告書

　会計監査人は，会社計算規則第126条において，つぎに掲げる事項を内容とする会計監査報告を作成することを求められています。なお，監査報告書の書式は第11章を参照してください。
　一　監査の方法およびその内容
　二　計算関係書類が当該株式会社の財産および損益の状況を全ての重要な点において適正に表示しているかどうかについての意見
　三　意見がないときは，その旨およびその理由
　四　追記情報（第11章および第12章に記述しています。）

　この場合の，標準的な会計監査報告は，監査の対象となった計算関係書類が一般に公正妥当と認められる企業会計の慣行に準拠して，当該計算関係書類に係る期間の財産および損益の状況を全ての重要な点において適正に表示していると認められる場合に作成されることになります。基本的には，金融商品取引法における監査人の監査報告書と同じ判断の要件と記載事項になると考えてください。

7　コーポレート・ガバナンスと会計監査

　会社法における会計監査人の会計監査の意義は，株式会社のコーポレート・ガバナンスという視点からの貢献という点にあります。
　今日，わが国企業のコーポレート・ガバナンスの実態に対して多くの批判が寄せられていますが，①株主総会が形骸化している，②監査役

（会）が無機能化している，③内部統制が軽視され，不正が見過ごされやすい，④取締役の意思決定や行動に内部的歯止めが利いていない，⑤企業倫理が欠如している，等々の批判です。

　そして，これらの批判を裏付けるように不祥事が頻々と発生し，同時に商法改正の措置により監査制度が見直しを受けてきたのですが，とくに，近年の監査制度の改正は数次に及び，会社法の制定にあたっても大きな改正を受けました。

　このような改正のたびに会計監査が充実してきているのは，経営に関して責任を有する取締役は，彼らに資金を託した株主に，自分の責任の履行状況を財務諸表によって報告するのですが，その信頼性のチェックを会計監査が行う，という意味で，会計監査は会社のコーポレート・ガバナンスの仕組みの基本的な必須要件と理解されているからです。

　しかし，会計監査がうまく機能するためには，取締役をはじめとする会社の各機関が法を守り，また株主のために忠実に職務を果たし，財務諸表を通して会社の経営成績や財政状態等を正しく公表し，さらにこれらが日常的に守られているかを監視する体制が会社の内部に構築されていることが必要です。そして，これらが総合的に機能して，はじめてコーポレート・ガバナンスが確立していると言えることになります。

　事実，後述する監査基準（実施基準，一　基本原則，7）でも，「監査人は，監査の各段階において，監査役，監査役会，監査等委員会又は監査委員会（以下「監査役等」という。）と協議する等適切な連携を図らなければならない」と規定していますが，これは単に財務諸表の虚偽表示を防いだり，見抜いたりするために監査役等の協力を仰ぐというだけでなく，会計監査を実施する過程で得た情報を監査役等に伝えて，共に会社のコーポレート・ガバナンスの向上に役立てようとする意図があるのです。

　いずれにせよ，会計監査人の監査制度はコーポレート・ガバナンスと密接な関係にあるということを理解する必要があります。

第 5 章

職業監査と監査基準
ならびに職業倫理

本 章 の 要 点

① 会計監査の業務は，外部の目からは一種のブラック・ボックスの
なかの世界ですから，いったん，会計監査がうまく機能していない
という印象を持たれると，相乗的に不信感が増幅されていきます。
財務諸表の直接的，あるいは間接的な利用者から会計監査が確実に
行われている「はず」であるという信頼を得ることの重要性が他の
専門職業よりも高い理由はここにあります。

② 監査人の実質面と外見面での実績と信用が同時相互に作用して，
会計監査ならびに監査人に対する社会的な信頼を勝ち取り，見返り
に，会計監査に対する社会の負託が生まれ，社会のニーズが掘り起
こされます。

③ 監査基準とは，監査人が会計監査を実施するにあたって準拠する
ことが求められている職業的専門家としての行為規範をいいます。

④ 企業会計審議会の監査基準は，前文，監査の目的，一般基準，実
施基準，および報告基準の4部から構成されます。

⑤ 一般基準は，監査人の人的資質と要件，監査実施上の基本的な姿
勢と守るべき倫理，および監査業務全般に共通する業務上の原則的
規範を規定し，専門的能力と実務経験，公正不偏の態度と独立性の
保持，正当な注意と職業的懐疑心，重要な虚偽の表示の可能性への
考慮，監査調書，品質の管理，守秘義務を規定しています。

⑥ 日本公認会計士協会の倫理規則も，監査人の独立性をはじめとし
て，監査人として守るべき多くの規定を設けています。

1 会計監査という職業

　職業としての会計監査は，実は，その成果を外に向けてアピールしにくいという性質を持っています。第2章で述べたように，たしかに，会計監査を受けることのメリットはあります。また，第3章や第4章でみたように，法律も要求していますので，該当する企業は会計監査を受けていれば，法律違反に問われることはありません。

　しかし，企業側は，監査を受けたからといって，報酬に見合うメリットを目に見えて実感するわけではありません。また，財務諸表の利用者も，粉飾を発見してくれるという安心感は抱けても，通常は，監査のメリットを体感できません。

　たとえば，同じ専門的な職業であっても，医者の場合は，治療の成果を患者が直接に得ることができますし，弁護士の場合は，訴訟での勝ち負けとか，法律ルールに従った悩みの解決が得られますので，これらの職業の実体を，私たちは実感できます。

　会計監査の場合は，もともと，企業の会計記録という，外部には公表されない事柄を相手にする作業ですから，外部者にとっては，一種のブラック・ボックスのなかの世界です。したがって，会計監査の成果を一般の人々に理解してもらえない，というよりは，たまに粉飾や不正事件などの問題が発生して，会計監査が行われていたことを思い出してもらえる程度で，通常は，何も問題がないときこそ，会計監査の成果が発揮されているときです。

　なぜなら，誤った会計処理や粉飾は，監査人が見つけた段階で企業に財務諸表の修正を要求しますので，これらの事実は，普通，表面には出てきません。いわば，仕事がうまくいったことを外にうまくアピールで

きないという宿命を背負った専門職業ということができますし，仕事が
首尾よく実施されればされるほど，会計監査という業務のメリットを外
部者は実感しにくいという，とても皮肉な構造になっています。

　したがって，監査対象の財務諸表の直接的あるいは間接的な利用者か
ら，会計監査が確実に行われている「はず」であるという信頼を得るこ
との重要性が他の専門職業よりも高い理由はここにあります。逆に，
いったん，会計監査がうまく機能していないという印象を持たれると，
相乗的に不信感が増幅されていくのです。

　そこで，監査の実質上も外観上も種々の手当てをして，会計監査の信
頼性を確保する取り組みが，職業監査人自身も，また，行政からも行わ
れています。

2　会計監査という専門職の成立

　図表 5 - 1 は，職業監査が成立するための要件と，会計監査が社会に
受け入れられる仕組みを描いたものです。

　監査人が，職業的専門家として認められ，会計監査を依頼され，ある
いは結果が信頼されるようになるには，専門的な技術や知識があること
が前提ですが，あわせて，そのような技術や知識を持っていることの
証（あかし）として公認会計士の資格や公認会計士事務所ないし監査法人という
看板があります。

　もちろん，会計監査の資格者は公認会計士や監査法人に限ることが法
律で決められているので，資格さえ持っていれば自動的に監査人になれ
る，という面も否定できませんが，医者や弁護士と同じように，腕がな
ければ，やがては淘汰されます。

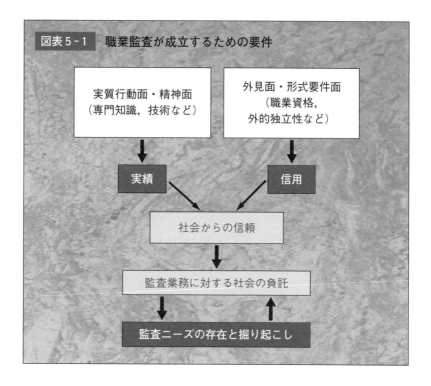

図表 5 - 1　職業監査が成立するための要件

実質行動面・精神面
（専門知識，技術など）

外見面・形式要件面
（職業資格，
外的独立性など）

実績

信用

社会からの信頼

監査業務に対する社会の負託

監査ニーズの存在と掘り起こし

　したがって，監査人は，公認会計士の資格試験に合格し，資格取得後
も種々の教育と訓練を受け，技術と知識をたえず身につけるようにしな
ければなりませんが，日本公認会計士協会は継続的専門能力開発
（Continuing Professional Development : CPD）を設けて，これ
らの教育と訓練を義務化しています。
　また，公正不偏な判断は，監査人の基本的な姿勢です。これは監査人
自身の精神性であり，具体的な判断行動の問題ですが，監査人の公正不
偏性に影響しないように，企業に対して特定の利害関係がないこと（独
立性）が求められます。あわせて，その内部的な判断は外部の人にはわ
かりませんので，客観的に独立していることが求められ，明示されます。

　もちろん，外観的に独立していれば公正不偏な判断が担保される，というわけではありませんが，少なくとも，外部者には安心感を与えますし，実質的にも，癒着の脅威を軽減できます。

　さらに，監査人の客観的な独立性が保たれていることを，監査法人などは，自己の倫理ならびに品質管理の問題として内部的にチェックするシステムを採用していますし，このようなシステムを監査法人内で確実に維持するための業務管理体制（ガバナンス）の仕組みも求められます。

　また，会計監査の失敗や任務を疎かにした際の法的な制裁制度（すでに述べたように，公認会計士法，金融商品取引法，会社法などで監査人の法的責任が規定されています）が存在し，さらに，行政的な審査機関としての公認会計士・監査審査会，ならびに業界規律の維持とそのための具体的な規則や組織（日本公認会計士協会の倫理規則や品質管理レビュー制度）が存在することも，外部者による会計監査への信頼の拠り所として，とても重要な役割を担っています。

　図表5－2は，わが国の，監査の質を維持するための仕組みです。

　このような，監査人の実質面と外見面での実績と信用が同時かつ相互に作用して，会計監査ならびに監査人に対する社会的な信頼を勝ち取り，見返りに，会計監査に対する社会の負託が生まれ，社会のニーズが掘り起こされるものと考えるのです。

　とくに，2001年にアメリカで発生したエンロン事件が会計監査と監査人に対する不信感をもたらし，これが世界的な市場不況を引き起こしました。そのために，日本を含め各国政府は，コンサルティング業務と監査業務との関係などに見られる監査人の独立性要件の見直しや監査方法と品質管理体制の改善，そして行政的な監視体制の設立など，様々な改革を行いました。

　また，監査人に限らず，職業的な専門家は，職業人としての団体を設

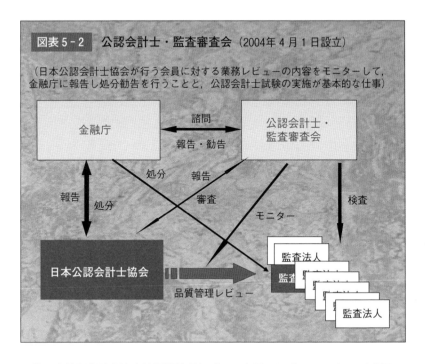

図表 5 - 2　公認会計士・監査審査会（2004年 4 月 1 日設立）

（日本公認会計士協会が行う会員に対する業務レビューの内容をモニターして，金融庁に報告し処分勧告を行うことと，公認会計士試験の実施が基本的な仕事）

金融庁

公認会計士・監査審査会

諮問

報告・勧告

処分　報告

報告　処分

審査

モニター

検査

日本公認会計士協会

品質管理レビュー

監査法人

監査法人

監査法人

　①日本公認会計士協会は品質管理レビュー専門のレビュー・チームを組み，監査法人の品質管理の方針や運用状況が審査され，品質管理レビュー報告書が監査法人には交付されます。その際，必要であれば，各監査法人には改善勧告が行われ，監査法人は勧告に対応した組織や業務の改善を行うことになっています。②日本公認会計士協会は品質管理レビューの結果を公認会計士・監査審査会に報告し，公認会計士・監査審査会は協会の品質管理レビューの仕組みと運用，ならびに監査法人に交付された個別の品質管理レビュー報告書や改善勧告書をモニターします。③公認会計士・監査審査会は審査結果を金融庁に報告し，その際，日本公認会計士協会の品質管理レビューの組織や運用の改善，個別の監査法人の品質管理や業務内容に関する改善，あるいは必要な法行政的処分を勧告します。④金融庁は，これらの報告と勧告を受け，必要な場合は，法律に則った処分を行います。

　なお，令和 4 年（2022）の公認会計士法の改正により，公認会計士・監査審査会は監査法人の業務運営や虚偽証明の事案について直接に検査することもできるようになりました。

けて，その団体の規律を定め，一定品質の専門職サービスを安心して利用できることを利用者にアピールするとともに，所属する専門職業人に対して自己規律を求め，所属する専門職業人がその規律に服さない場合は，一定の制裁措置をとり，専門職の品質と地位を守るようにしますが，職業監査人業界による自主規制の強化も，近年，一層，進められてきました。

　そして，これらの仕組みを，具体的には，公認会計士法（政令，府令なども含む），金融商品取引法や会社法などの各根拠法，監査基準，品質管理基準，日本公認会計士協会の会則・倫理規則・監査実務指針などが明文で定めています。このうち，公認会計士法と各根拠法についてはこれまでにみてきましたので，以下では，監査人の資質や姿勢，さらに倫理に関わる監査基準の一般基準，ならびに倫理規則について，簡単に述べておきましょう。

3　監査基準とは

　監査を学ぶうえで，どうしても知る必要があるのが，監査基準（auditing standards）です。監査基準とは，監査人が会計監査を実施するにあたって準拠することが求められている職業的専門家としての行為規範をいいます。広い意味では，監査人の間で普通であれば常識的に実施する実務や行動や判断なども監査基準の一部となりますが，通常は，明示され，文書化された監査基準を意味します。監査基準を通して監査人の姿勢や行動を律し，あわせて外部者の会計監査に対する信頼の拠り所となります。

　しかし，「準拠」といいますと，どうしても法律や規則を連想しますが，

監査基準は，監査人が職業人としての長い歴史的な経験のなかで試行錯誤的に積み上げ，また，その時々の社会の要請を反映しながら発展してきた監査実務のなかから，一般に公正妥当なものと認められるものをまとめたものです。したがって，「一般に認められた監査基準（generally accepted auditing standards：GAAS）」ともいい，この用語法は，国際的にも共通して使われます。

　監査基準は，法律や規則そのものではありませんが，もし，それに準拠しないで監査を行い，虚偽の財務諸表を適正に表示しているものとして監査意見を表明したり，また，その結果，財務諸表の利用者に損害を与えたりした場合，監査人は，法的責任や損害賠償の責任に問われます。したがって，職業監査人としての注意義務の目安といってもよいでしょう。

　また，監査基準は，監査人ばかりでなく，監査を受ける企業（財務諸表の作成者），財務諸表の利用者（株主や投資家など），会計や監査に関わる規制機関，監査人の責任をめぐる争いの際の裁判関係者などの多くの利害関係者はもとより，研究者，学生，ジャーナリズム，さらには国民一般にとっても，それぞれの立場から，関係が生じてきます。

　わが国の監査基準は，昭和25（1950）年に改正された証券取引法（現在は金融商品取引法に改称）により公認会計士監査制度が生まれたときに，政府の諮問機関である企業会計審議会によって，アメリカの監査基準を日本にも合うように作り変えて制定されました。

　わが国では，職業監査の歴史がなかったので，自ずと，アメリカの監査基準の模倣を行い，また，政府の機関（企業会計審議会は，以前は大蔵大臣の諮問機関でしたが，現在は，金融庁の審議会として，内閣総理大臣の諮問機関と位置付けられます）が制定する，という方式を採りました。

　現在の監査基準は，平成17（2005）年に改正されたもので，その後，いくつかの部分改正を経て今日に至っています。その前文に，「監査基準は，監査実務の中に慣習として発達したもののなかから，一般に公正妥当と認められたところを帰納要約した原則であつて，職業的監査人は，財務諸表の監査を行うに当り，法令によつて強制されなくとも，常にこれを遵守しなければならない」という，わが国の監査基準制定当初から引き継がれている有名な文章を引用していますが，この文章の意味するところは，上の説明でわかっていただけるでしょう。

　ただ，職業監査人たちが監査基準を設定するのであれば，適時かつ臨機応変に設定できますが，企業会計審議会の制定方式では適宜な対処が難しい面もあり，そのために，日本公認会計士協会（公認会計士の登録団体で，ここに登録しなければ公認会計士としての業務ができない）が公表する実務指針も監査基準の一部を構成する，という仕組みを採ることで，監査基準設定の適宜な対処が保たれるようにしています。

　ところで，世界の主要な国々で，その国の監査基準が職業会計士団体や政府機関やその他の独立した機関で作られていますが，前の章でも述べたように，証券市場の世界的な単一化の流れを背景として，会計監査の対象となる財務諸表も共通化が図られるようになり，あわせて，会計監査の方法や質の共通化が大きな課題となってきました。

　そのために，現在，国際会計士連盟（International Federation of Accountants：IFAC）の国際監査基準設定機構が国際監査基準（International Standards on Auditing：ISA）の設定作業と国際的な統一化を図ろうとしていますので，このような動きに合わせたわが国の対応が求められています。

　なお，以下では，監査基準という言葉は，とくに限定しない限り，企業会計審議会の設定した監査基準を意味することにします。

4 監査基準の構成

　平成17 (2005) 年に改訂された監査基準は，前文，監査の目的，一般基準，実施基準，および報告基準の４部から構成されます（図表 5 - 3 ）。

　前文については，監査基準の本文ではありませんが，本文で規定した基準の趣旨と内容を解説しているので，監査基準の一部をなすものとされます。

　「監査の目的」については，第１章で述べましたので，この規定の趣旨については，第１章を読み直し，また巻末付録の監査基準，前文を読んでいただきたいのですが，今後，これは本書の各所で関連してくるでしょう。

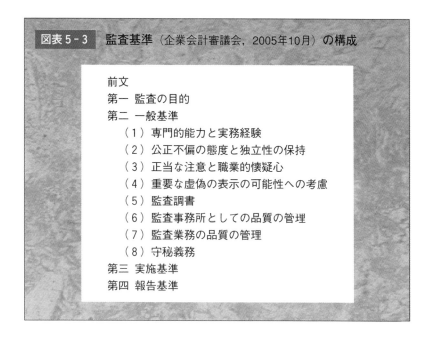

　図表 5 - 3　**監査基準**（企業会計審議会，2005年10月）**の構成**

前文
第一　監査の目的
第二　一般基準
　（ 1 ）専門的能力と実務経験
　（ 2 ）公正不偏の態度と独立性の保持
　（ 3 ）正当な注意と職業的懐疑心
　（ 4 ）重要な虚偽の表示の可能性への考慮
　（ 5 ）監査調書
　（ 6 ）監査事務所としての品質の管埋
　（ 7 ）監査業務の品質の管理
　（ 8 ）守秘義務
第三　実施基準
第四　報告基準

　一般基準は，監査人の人的資質と要件，監査実施上の基本的な姿勢と守るべき倫理，および監査業務全般に共通する業務上の原則的規範を規定しています。なお，これらについては，本章の次節以降で説明します。

　実施基準は，監査実施上の基本原則で，まず，監査の実施全般に対する基礎的な基準を示し，ついで，監査計画を策定し，監査の実施にいたる，監査のプロセスを追って規定していますが，これについても，後の章で詳しく説明します。

　報告基準は，実施基準と同じく，基本原則で監査報告全般に対する基礎的な基準を示し，ついで，監査報告書の記載区分，適正意見の記載事項，意見除外の記載内容，監査範囲の制約に関わる記載内容，継続企業の前提に関わる監査報告上の基準，ならびに追記情報について規定していますが，これについても，後の章で説明します。

5 一般基準

　⑴　一般基準，1（以下，一般基準の本文は，巻末付録を参照してください）は，監査人の専門的能力の向上と知識の蓄積の必要性を規定しています。とくに，近年の企業活動の大規模化や複雑化や国際化，情報処理技術を駆使した会計システム，会計基準の高度の専門化と複雑化などに対応するために，監査人は監査の職業的専門家としての能力の維持・研さんに努め，実務経験を積み，これらの能力，経験，知識の蓄積のうえで初めて監査人は公正不偏な監査判断を行使できます。

　また，世界的に職業会計士資格に対する教育要件の高度化と資格取得後の継続的教育の必要性が強調され，世界標準化が進められようとしているなかで，アメリカでは，いち早く継続教育（continuing professional education：CPE）での単位取得が営業免許（ライセンス）の取得・更新の要件となり，公認会計士試験の受験資格に大学院教育単位が課されました。さらに，これらの動きを受けて，わが国でも日本公認会計士協会が継続的専門能力開発（CPD）を実施し，将来的にも充実・強化される方向にありますし，会計専門職大学院制度と公認会計士試験制度との連携も発足するという動きを背景にして，この基準を独立させたものです。

　なお，CPDの単位が不足する公認会計士は登録抹消の処分の可能性があります。

　⑵　**一般基準，2は**，監査人は特定の利害に与<small>くみ</small>しない公正不偏な態度を貫かなければならないという精神的姿勢を明記するとともに，外観上の独立性と一体をなして規定しています。公正不偏の態度と独立性の保持を併せた理由としては，第1に，二重責任の原則の担保の要請，つまり，独立性が保たれていることは二重責任の原則の維持を担保する最低限の条件であるという点，第2に，公正な判断の担保の要請，すなわち，監査人が企業ないし経営者に与しない立場から監査を行い，判断するための前提条件となるという点があげられます。

　もちろん，監査対象の財務諸表の適正性について監査人が公正な判断を下し，かつ公正な判断が下されているはずであるということの保証が何らかの形で与えられなければ，財務諸表監査それ自体に対する利用者の信頼は得られないことは当然のことです。この点は，前の章でも述べたように，監査人が財務諸表の作成側から独立していないという外観的事実や印象を財務諸表の利用者が持てば，それだけで会計監査に対する信頼の基盤が揺るぎますので，きわめて重要な監査人の資格要件となります。

　なお，監査人の独立性の要件は，公認会計士法，監査証明府令，さらに公認会計士協会の倫理規則でも細かく規定されています。

　⑶　**一般基準，3** は，監査人の注意義務を求める正当な注意（due care）の概念に加える形で職業的懐疑心（professional skepticism）を保持して監査することを要求しています。監査人の責任の基本は，監査に関わる職業的専門家としての正当な注意を払うことにあり，監査人がこの注意義務を怠ると，法的あるいは経済的責任を問われる事由となります。

　しかし，監査が，財務諸表の利用者のために，その虚偽表示に対する発見機能を発揮すべきであるという社会の要請に応えるには，監査を，単に，会計記録と会計原則と財務諸表の間の整合性の検証行為に終わらせてはなりませんし，後の章で述べるように，監査計画の策定とリスク評価，監査手続の実施，監査証拠の評価，そして意見の形成にいたるまで，財務諸表に重要な虚偽表示が存在する可能性に常に注意を払わなければなりません。とくに，不正に起因する虚偽の表示については，その性格上，隠蔽されやすい点を踏まえて，職業的懐疑心という概念を基準化したものです。

　⑷　**一般基準，4** は，「監査の目的」を受けた規定です。とくに，監査人に対して，不正な報告や資産の流用を隠蔽する目的で重要な虚偽表示がなされる可能性を考慮して監査を実施することを求めています。肝要な点は，不正それ自体ではなく，不正に起因する重要な虚偽表示を発見することを求めている点であり，これは違法行為についても基本的に同じ仕組みとなります。もっとも，一般に違法性の判断は法律の専門家でない監査人には下しにくいので，その発見機能には自ずと限界がある

ことは明らかです。

(5)　**一般基準，5**は，監査調書の記録と保存，つまり文書化（documentation）を要求したものです。もちろん，これまでの監査基準でも監査調書の保持を要求してきましたが，今日の企業の大規模化や企業活動の複雑化は，ますます監査業務の膨大化と高度な判断を要求するようになり，それらの作業や判断の質を自らあるいは組織的に管理するためには，監査調書の作成が不可欠です。

同時に，監査業務の影響の国際的な拡がりを考慮すれば，監査人は訴訟等の事態にこれまで以上に備える必要がありますし，さらに監査人自身の説明責任を果たすためにも，監査計画の策定から意見の形成に至るまでの監査全体について文書化することを要求する基準を一般基準に置いたのです。とくに，監査の判断のプロセスを記録し，徹底した品質管理に資する資料を備えることの重要性は従前よりも増しています。

ただし，近年のコンピュータならびに情報ネットワークを利用した監査調書の作成方法も普及しているところですので，紙媒体での保存という表現は用いていません。

(6)　**一般基準，6**は，監査の品質管理，なかでも，組織としての監査人（監査法人だけでなく個人事務所も含み，これらを監査事務所といいます）が自己の監査業務において，一般に公正妥当と認められる監査の基準に準拠して監査が適切に実施され，誤った結論を導かないようにするために業務管理の方針や手続を整え，監査の品質管理機能を維持すべきことを求めています。

また，**一般基準，7**は，個々の監査業務の現場で，品質管理の方針や手続に従い，指揮命令の系統や職務分担を明らかにしたうえで監査業務

を遂行することを求めています。また，監査業務の品質管理は，監査補助者を監督する場合や，他の監査人の監査結果を利用する場合などにも同じく求められるものです。

　個人の監査事務所や小規模監査法人での品質管理には一定の組織的かつ物理的な制約がありますが，そこでの品質管理を支援するために運営される日本公認会計士協会の業務審査制度は，監査人自身が行う品質管理の一環と理解されています。

　なお，これらの基準は，日本公認会計士協会が自己規制措置として行う品質管理レビュー制度にまでは言及していませんが，そのレビュー結果が，前述の公認会計士・監査審査会の審査制度と結びついて，監査の品質管理に対する一層の強い取り組みが各監査人に求められるようになりました。

　このように，監査の品質管理に対する社会の要望が一般基準六と七に反映されているのですが，なお一層の徹底を図るために，企業会計審議会は次節と第16章で述べる品質管理基準を独立して設けました。

　(7)　一般基準，8は，監査人としての守秘義務を定めています。会計監査の業務は，企業の多くの情報に接することになります。このことから，監査人が監査業務上知り得た秘密を正当な理由なく他に漏らしたり，窃用することは，職業倫理の上から許されないことは当然であり，そのような行為は監査を受ける企業との信頼関係を損ない，監査業務の効率的な遂行を妨げる原因ともなりかねないことから，一般基準の一つとして規定しています。また，公認会計士法も守秘義務を規定しているところです。

　一方で，近年，監査の信頼性を確保する観点から，財務諸表利用者に対して監査に関する説明や情報提供を十分かつ適時，適切に行うことも

求められています。そのために，監査人が自ら行った監査に関する説明を監査報告書に記載することは，公共の利益という観点から守秘義務が解除される「正当な理由」に該当すると考えられます。ただ，その記載により，例外的に企業または社会の不利益が生じる場合もあり，この場合は公共の利益との比較衡量のうえで記載するか否かを決定すべきとされます。

6 品質管理基準

　企業会計審議会は，平成17（2005）年に，「監査に関する品質管理基準」を新設しました。これは，公認会計士監査をめぐる不適切な事例や信頼性の低下，さらには，監査の品質管理の整備と強化に関する国内的かつ国際的な制度的な動きを踏まえて，品質管理の具体化・厳格化を図るためのものです。

　この基準は，監査基準，一般基準の6および7と一体となって適用される，規範性の高いものと位置付けられ，監査事務所（監査法人と個人の公認会計士事務所からなります）レベルと個々の監査業務レベルでの品質管理とに分けて規定し，監査業務の質を合理的に確保することを品質管理の目的として明示しました。

　しかし，その後，かなりの期間が経過し，経済社会を取り巻く環境変化が加速し，監査業務にも変化が生じ，監査事務所による監査の品質管理も見直しが求められてきました。また，監査の品質管理については国際的に共通の基準のもとで実施することが必要だという理解も進み，令和3（2021）年に，「監査に関する品質管理基準」という新しい基準が設定されました。

　この基準は，品質管理の目的においては前基準と変わりませんが，監査事務所の品質管理システムという点に着目し，監査事務所自らが，品質管理システムの項目，たとえば，監査事務所のリスク評価プロセスやガバナンスなどの項目ごとに達成すべき品質目標を設定し，品質目標の達成を阻害しうるリスクを識別して評価を行い，評価したリスクに対処するための方針または手続を定め，これを実施するという，リスク・アプローチに基づく品質管理の考え方をとっています。

　なお，監査の品質管理は，非常に重要なことですので，第16章で詳しく解説します。

7　倫理規則

　公認会計士は，日本公認会計士協会に備える公認会計士名簿に登録して，初めて，公認会計士としての業務を実施できます（公認会計士法第17条，第18条）。そして，登録の段階で日本公認会計士協会の会員になりますが，協会会則は会員に対して協会が定める職業倫理に関する規範を遵守することを求めています（日本公認会計士協会会則第 3 条(1)および第48条）。

　「本会（日本公認会計士協会）は，（中略），次に掲げる事業を行う。
　　(1)　公認会計士の遵守しなければならない職業倫理に関する規範を定め，その保持昂揚を図ること。」（会則，第 3 条）
　　「会員及び準会員は，公認会計士業務の改善進歩と監査業務の正常な発展を図り，常に関係法令及び職業専門家としての基準等を遵守し，かつ，職業倫理の昂揚に努めるとともに，独立した立場において公正かつ誠実に職責を果たさなければならない。」（会則，第48

条）

　これらの規定でいう職業倫理，あるいはその規範を指すのが，「倫理
規則」です。倫理規則の序文には，「日本公認会計士協会は，会員がそ
の社会的役割を自覚し，自らを律し，かつ，社会の期待に応え，公共の
利益に資することができるよう，その職責を果たすために遵守すべき倫
理の規範として，ここに倫理規則を定める。会員は，倫理規則の定める
ところやその趣旨に注意を払い，これを遵守して行動しなければならず，
倫理規則に定められていない事項についても，その制定の趣旨を正しく
理解して行動しなければならない」と述べています。

　まず，基本原則として，誠実性の原則（基本原則１），公正性の原則
（基本原則２），職業的専門家としての能力及び正当な注意の原則（基本
原則３），守秘義務の原則（基本原則４），職業的専門家としての行動の
原則（基本原則５）の５つをあげ，これらは監査基準の一般基準に沿っ
た内容が基礎になっています。

　そのうえで，倫理規則は国際基準に同調することも必要なため，国際
的な基準もとり入れた規定を設けているのですが，倫理規則の注解，さ
らに，独立性，利益相反，違法行為への対応についての別の指針も総合
して理解されなければなりません。ただ，個別の状況を網羅した規則を
設ければ複雑，かつ細かくなりすぎます。

　そのために，具体的な実務現場で，ある行為や業務が倫理規則に反す
るものかどうかの判断に迷った場合，「概念的枠組みアプローチ」で
もって判断することが求められます。

　このアプローチでは，(1)基本原則の遵守を阻害する要因を認識し，(2)
認識した阻害要因の重要性の程度を評価し，(3)重要性の程度が許容でき
る水準ではないと評価された場合，セーフガードを適用して，阻害要因

を除去するか，またはその重要性の程度を許容可能な水準にまで軽減し，⑷阻害要因の重要性が余りに重大か，阻害要因に対しセーフガードを適用することができないと判断した場合，専門業務を辞退するか，または必要に応じて，依頼人との契約を解除することで関係を終了しなければならない，としています。

　なお，職業会計士の業務に関する国際倫理基準では，上場会社のみならず，社会的影響度の高い事業体（Public Interest Entity：PIE^{バイ}），例えば，金融，保険，年金管理など，国民生活に大きな影響を及ぼす，公益性の高い事業活動を行っている事業体の監査業務に携わる監査人には，独立性を含めて，より高度の職業倫理を求めるようになりました。

　この動きを受けて，日本公認会計士協会が設ける倫理規則でも，PIEの範囲を定義したうえで，それらの事業体の監査業務について，一般の事業体よりも厳しい職業倫理の規定を設けるようになりました。

　いずれにせよ，公認会計士や監査法人による会計監査の重要性が社会に理解されるようになるにつれ，監査人の職業倫理が，ますます厳しく問われるようになりましたので，監査法人や会計事務所は，監査の品質管理と同様に倫理規則の遵守にも注意を払う必要があるのです。

8　監査法人のガバナンス・コード

　以上のような品質管理基準や倫理規則が設けられても，監査を実施する側で遵守する意識が低かったり，遵守を促したり，管理する体制が整っていなかったりすれば，これらの基準や規則は機能せず，そのために，不適切な監査結果を招くことになります。

　とくに，現代の監査業務の多くは監査法人により実施されますが，こ

れまでの不適切な監査の事例が，監査担当者自身の問題であると同時に，監査法人におけるさまざまな問題に起因することも指摘されています。

　たとえば，経営方針，コンプライアンス，リーダーシップ，人事評価，法人組織体制，監査業務への審査組織，上下間とか部門間の情報共有化や人事交流，職員の教育訓練，情報開示などにおいて，不適切な監査を招く，直接的，あるいは間接的なリスク要因が現実のものとなる場合です。

　そこで，金融庁は有識者を集めて，監査法人のガバナンス（統治）のあり方を検討し，平成29（2017）年3月に，「監査法人の組織的な運営に関する原則」を策定し，公表しました。これを「監査法人のガバナンス・コード」といいます。

　これには，監査法人がその公益的な役割を果たすため，トップがリーダーシップを発揮すること，監査法人が，会計監査に対する社会の期待に応え，実効的な組織運営を行うため，経営陣の役割を明確化すること，監査法人が，監督・評価機能を強化し，そこにおいて外部の第三者の知見を十分に活用すること，監査法人の業務運営において，法人内外との積極的な意見交換や議論を行うとともに，構成員の職業的専門家としての能力が適切に発揮されるような人材育成や人事管理・評価を行うこと，さらに，これらの取組みについて，分かりやすい外部への説明と積極的な意見交換を行うこと，といったことが5つの基本原則として示されています。

　もちろん，監査法人も，大規模な法人から，中小の法人まで，さまざまですし，法人トップの考え方も違います。そこで，金融庁は，このコードに示す基本原則から離れた方針や組織体制をとる場合には，その理由を対外的に説明すること，という制約（コンプライ（準拠）・オア・エクスプレイン（説明））を設けて，できるだけ，基本原則に沿っ

たガバナンスを備える監査法人にして，適正な監査を実施できる体制を
作ろうとしています。

　また，令和 5 年（2023）から施行の改正公認会計士法により，上場会
社等監査人登録制度が法定化されましたが，公認会計士協会が申請者の
上場会社監査人としての適格性を審査する際にも，ガバナンス・コード
への対応状況が勘案されることになります。

第 6 章

会計監査の進め方 (1)
──リスク・アプローチ──

本 章 の 要 点

① 会計監査の対象は，多くの場合は巨大な企業です。そこでは，会計帳簿の記録量も膨大で，コンピュータを使った企業全体の情報処理システムを有し，本社以外の事業所や工場は，国内だけでなく，海外にも分散していることがしばしばで，監査の戦略性と計画性は不可欠です。

② 監査戦略とは，要するに，効果的，かつ効率的に証拠を集め，財務諸表の虚偽表示に関係しそうな点を中心にして重点的に監査する，という監査の方針とその進め方をいいます。

③ 現代の会計監査では，虚偽表示の可能性（リスク）を分析し，監査の目的を効果的かつ効率的に達成しようとする戦略をとります。これを監査リスク・モデルのもとで統合し，全体的な監査の進め方として具体化したものを，リスク・アプローチといいます。

④ 監査リスク・モデルは，次の関数式で表現されます。

AR（監査リスク）

  = IR（固有リスク）× CR（統制リスク）× DR（発見リスク）

⑤ リスク・アプローチでは，IR と CR のリスクの程度に応じて，監査手続の種類や適用範囲や実施のタイミングを変化させて（これは DR の水準で表されます），もって監査人が達成する AR の水準を合理的なレベルに抑えます。

⑥ 監査基準の実施基準は，監査リスク・モデルをもとにしたリスク・アプローチが基礎になって構成されています。

1 現代の会計監査の実像

「会計監査を実施する」とは，どのようなことをいうのでしょうか。

図表6-1は，監査対象の財務諸表と，その作成の元になった会計帳簿と，取引を裏付ける証拠書類と，会計基準である会計規則集との間に食い違いがないかどうか，電卓を前にして考え込んでいる監査人のイメージを表しています。

とくに，簿記を勉強した方であれば，勘定の借方と貸方の記録と伝票やその他の証拠書類とを入念に比べて，間違いがないかを確かめ，借方と貸方の合計額を検算し，残高を計算し，これを財務諸表の記載額と比べる，といった手順で，机に張り付いている監査人を思い浮かべるかも

図表6-1　会計監査のイメージ

財務諸表

会計規則集

伝票や証拠書類

会計帳簿

電卓

監査人

しれません。

　また，会計監査ですから，会計記録を離れて実施できるはずはありません。売掛金の監査を原理的に示した図表 6 - 2 を見てください。会計の常識として，期首残高，期中の貸借取引記録，そして期末残高を監査手続でもって検証すれば，売掛金の監査は済むはずです。また，他の勘定科目についても同じように監査すれば，会計監査は完了するはずです。

　原理的には，これらの図は正しいのですが，現実の会計監査の実務は，そのように単純ではありません。

　まず，会計監査の対象は，多くの場合は巨大な企業です。また，会計帳簿の記録量も膨大ですが，それらはコンピュータを使った企業全体の情報処理システムの一部として記録されます。企業によっては，情報処理の全てがコンピュータ化されて，証拠書類さえ残らない場合もあります。

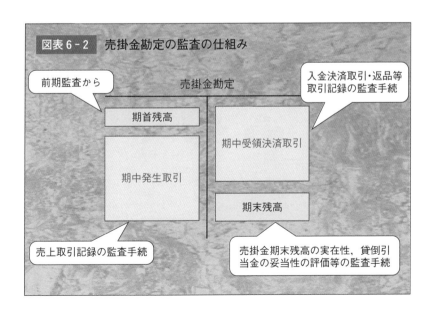

図表 6 - 2　売掛金勘定の監査の仕組み

前期監査から　　　　　売掛金勘定　　　　　入金決済取引・返品等
　　　　　　　　　　　　　　　　　　　　取引記録の監査手続

期首残高

期中発生取引　　　　期中受領決済取引

期末残高

売上取引記録の監査手続　　　　売掛金期末残高の実在性，貸倒引
　　　　　　　　　　　　　　当金の妥当性の評価等の監査手続

さらにまた，連結財務諸表を作成しているような企業の場合は，本社以外の事業所や工場は，国内だけでなく，海外にも分散していることがしばしばです。しかも，業種が必ずしも単一ではなく，むしろ，複合的で，取引の種類も多く，かつ複雑です。したがって，現代の企業環境下での会計監査の実務は，**図表 6 - 1** や**図表 6 - 2** にあるような，勘定ごとに会計記録と証拠の書類を丹念に照合して完了するというイメージからは，少し離れたものとして理解する必要があるでしょう。

　また，大企業の監査は，監査法人のような大きな組織を持ち，複数の監査人が従事することが可能な陣容で対応する必要がありますし，国際的に事業展開する企業に対しては，海外でも同じ管理体制で監査ができ

図表 6 - 3　監査環境の変化

巨大化

多国籍化

監査人

複合化

戦略と計画

システム化

るように，監査人間のグローバルなネットワークが求められます。

　いずれにせよ，このような監査環境のもとで実施される会計監査は，非常に戦略的なもの（「監査戦略(audit strategy)」といいます）とならざるをえませんし，それらを綿密な計画（「監査計画（audit plan）」といいます）のもとで実施することが不可欠です（図表6-3）。

2　監査戦略

　監査戦略というと 仰々 <ruby>仰々<rt>ぎょうぎょう</rt></ruby>しいのですが，要は，会計記録と裏付け証拠の全てを「しらみつぶし」に調べることができないので，効果的かつ効率的に証拠を集め，財務諸表の虚偽表示に関係しそうな点を中心にして重点的かつ計画的に監査する，という監査の進め方を監査戦略というのです。

　ところで，昔から監査人は戦略性を持って監査を進めてきました。たとえば，それは次のような点に現れます。

抜き取り検査（これを「試査(test)」といいます）：統計学的，あるいは経験と勘による抜き取り検査の手法を全面的に適用して会計監査を実施します。監査基準（第三　実施基準，一　基本原則，4）でも，監査人は，十分かつ適切な監査証拠を入手するに当たっては，原則として，試査に基づくことを明示しています。

粉飾発見の重視：虚偽表示のなかでも，粉飾，つまり，利益の過大計上（資産と収益の過大計上，ならびに負債と費用の過小計上）を見逃さないことに重点をおいて，会計監査が実施されます。監査基準（第三　実施基準，一　基本原則，5）で「監査人は，職業的専

門家としての懐疑心をもって，不正及び誤謬により財務諸表に重要な虚偽の表示がもたらされる可能性に関して評価を行い，その結果を監査計画に反映し，これに基づき監査を実施しなければならない」というのも，実は，粉飾の発見に大きなウエイトがかけられていると理解する必要があるでしょう。この点については，第1章を読み直してください。

貸借対照表項目重視 ：　過去的で名目的な取引の集合である損益計算書の勘定項目よりは，現在高に関する強力な証拠が得られる貸借対照表の勘定項目の立証力を重視します。たとえば，現金や商品などの資産の現物といった物理的な証拠もあれば，監査人自身が建設中の工場に出向いて直接に確かめたり，売掛金の残高について相手企業に直接に問い合わせたりと，様々な方法と源泉を使って入手します。

リスク事項への重点 ：　監査人は経験的に，あるいはその企業独自の理由から不正や誤謬を原因とする虚偽表示の可能性が高い取引や会計記録を知っていますので，それらのリスク事項に対しては，より重点的な監査を実施します。

重要性（materiality）の評価 ：　金額的あるいは質的に重要な事項はそうでないものよりも，監査の手続の種類，適用範囲，ならびにタイミングを強力なものとします。損益計算書では売上高，売上原価，給料など，貸借対照表では現金預金，売掛金，棚卸商品，買掛金などの項目は，ほとんどの企業で重要性を持ちますが，業種や経営方針などで，企業ごとに金額的に重要な項目は違ってくるでしょうし，また，質的にも重要な項目があります。

内部統制（internal control）の有効性の評価 ：　会計記録の信頼性を検証する前に，その前提となる情報処理システムの信頼性や，企業活動そのものを統制管理するシステム（これらを「内部統制」と

いいます）の有効性を評価し，その評価を手掛かりに，監査の手続
の種類，適用範囲，ならびにタイミングの強弱を決めていきます。

会計判断の評価 ：　監査人は，会計記録相互の照合などの機械的な作
業に多くの時間をかけません。また，財務諸表の適正表示に関する
監査人の判断は，財務諸表と会計帳簿と証拠と会計基準の間の辻褄
が合っていれば大丈夫，といったことでは済みません。そのような
機械的な判断よりは，複数ある会計基準から特定の基準を選択した
ことは正しいのか，その基準の適用方法は妥当なのか，商品や有価
証券の評価は適切なのか，工場や土地建物に減損は発生していない
のか等々といった，会計判断の妥当性の評価に，監査人はより多く
の労力と時間を費やします。近年の会計基準の複雑化と精緻化は，
ますます会計判断の評価へのシフトを強めています。

　現代の会計監査では，上記のような監査環境の変化に対応するために，
これらの戦略的要素をさらに体系的に集約させました。それが，リス
ク・アプローチと称されるものです。

3 リスク・アプローチ

　現代の会計監査では，虚偽表示の可能性（リスク）を分析し，監査の
目的を効果的かつ効率的に達成しようとする戦略をとります。これを1
つのモデル式のもとで統合し，全体的な監査の進め方として具体化した
ものを，監査リスク分析アプローチ（audit risk analysis approach）
といい，監査基準では簡単にリスク・アプローチといいます。
　この間のことを，監査基準の前文は，「リスク・アプローチに基づく

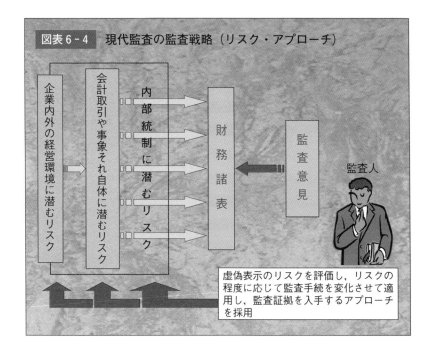

図表 6 - 4　現代監査の監査戦略（リスク・アプローチ）

企業内外の経営環境に潜むリスク

会計取引や事象それ自体に潜むリスク

内部統制に潜むリスク

財務諸表

監査意見

監査人

虚偽表示のリスクを評価し，リスクの程度に応じて監査手続を変化させて適用し，監査証拠を入手するアプローチを採用

監査は，重要な虚偽の表示が生じる可能性が高い事項について重点的に監査の人員や時間を充てることにより，監査を効果的かつ効率的なものとすることができることから，国際的な監査基準においても採用されているものである。我が国の監査実務においてもさらなる浸透を図るべく，改訂基準ではリスク・アプローチに基づく監査の仕組みをより一層明確にした」と述べています。

　図表 6 - 4 をもとに，リスク・アプローチの基本的な考え方を説明します。

　リスク・アプローチでは，まず，①財務諸表の虚偽表示を生み出す可能性（虚偽表示のリスク）のある企業内外の経営環境に関わるリスク（たとえば，企業の業績が悪化し，経営者は株主から業績回復による株

価上昇を迫られている場合，経営者は種々の手段を使って利益を捻出し
ようとするかもしれない），②会計取引の遂行や会計事象の認識それ自
体に関わるリスク（将来事象の予測に多くを依存する会計基準の適用は
虚偽表示の固有のリスクを有します），さらには，③内部統制の欠陥に
起因して不正や誤謬を防止できなかったり，見逃したりするリスクを，
監査人が評価します。

　次に，虚偽表示のリスクの高い勘定科目や取引項目には，監査の手続
の種類（より強力な証拠が入手できる監査手続），適用範囲（監査手続
適用時の抜き取り検査（試査）の範囲の拡大など），ならびにタイミン
グ（会計期間中よりも年度末前後の期間に監査手続を実施するなど）を
強力なものとして，高い立証力を持った監査証拠を入手し，逆に，リス
クの低い項目には適度な監査証拠を入手し，全体として，重要な虚偽表
示を見逃して監査人が誤った結論を下す可能性を合理的に低いレベルに
抑えるように管理しながら，会計監査を実施します。

　そして，このような考え方を徹底すれば，効果的かつ効率的に会計監
査を実施することができます。しかし，リスク・アプローチの特徴は，
単に「考え方」にあるのではなく，監査リスク・モデルに立脚した体系
的な仕組みでの監査業務の遂行が可能になる点にあります。

4 監査リスク・モデル

　では，リスク・アプローチに基づく会計監査の体系的な仕組みとはど
のような仕組みをいうのでしょうか。図表 6 - 5 は，リスク・アプロー
チのより正確な理解を得るために，**図表 6 - 4** を改良したものです。こ
の図をもとに説明しましょう。

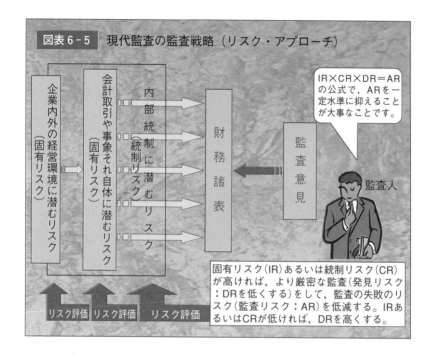

図表6-5　現代監査の監査戦略（リスク・アプローチ）

企業内外の経営環境に潜むリスク（固有リスク）

会計取引や事象それ自体に潜むリスク（固有リスク）

内部統制に潜むリスク（統制リスク）

財務諸表

監査意見

監査人

IR×CR×DR＝AR の公式で，ARを一定水準に抑えることが大事なことです。

リスク評価　リスク評価　リスク評価

固有リスク(IR)あるいは統制リスク(CR)が高ければ，より厳密な監査（発見リスク：DRを低くする）をして，監査の失敗のリスク（監査リスク：AR）を低減する。IRあるいはCRが低ければ，DRを高くする。

　リスク・アプローチでは，まず，財務諸表の虚偽表示をもたらす可能性のある企業内外の経営環境に関わるリスクや会計取引の遂行や会計事象の認識それ自体に関わるリスクを固有リスク（inherent risk：IR），さらには内部統制の欠陥に起因して虚偽表示が防止されなかったり，見逃されたりするリスクを統制リスク（control risk：CR）といい，これらを監査人が評価します。

　もしIRが高いとか，CRが高いとか，あるいは両方が高い勘定科目や取引項目の場合，監査手続の種類，適用範囲，ならびにタイミングを強力なものとして，通常より強い立証力をもった監査証拠を入手し，逆に，それらのリスクの低い勘定科目や取引項目には通常程度の監査証拠を入手できればよいように監査計画を行います。

　その際，監査人は，財務諸表の虚偽表示が監査手続を適用してもなお発見されない可能性を発見リスク（detection risk：DR）ととらえ，IR が高いとか，CR が高いとか，あるいは両方が高いといった場合は DR を低く（より厳密な監査手続）しようとし，逆に，IR や CR が低い場合には，DR を高く（通常の監査手続）してもよいと判断します。

　全体として，重要な虚偽表示を見逃して監査人が誤った結論を下す可能性，つまり監査リスク（audit risk：AR）をどのような場合にも合理的に低いレベルに抑えるように管理しながら，会計監査を実施します。これをモデル式に置き換えたのが監査リスク・モデルです。

　監査リスク・モデルは，次の関数式で表現されます。

$$AR = IR \times CR \times DR$$
$$DR = AR \div (IR \times CR)$$

　AR のリスク水準を，いつの場合でも一定の合理的に低い水準に抑えることが求められるとすれば，IR または CR のいずれか，または両方

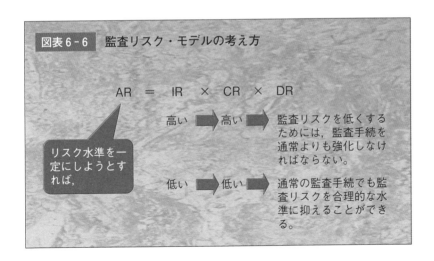

図表6-6　監査リスク・モデルの考え方

が高ければ，その分，DRの水準を低くし，逆に，IRまたはCRの一方，あるいは両方が低い場合には，DRを高くしてもよいと判断します。この間の考え方を示したものが，**図表6-6**です。

　この図にあるように，IRとCRのリスクの程度に応じて，監査手続の種類や適用範囲や実施のタイミングを変化させ（これはDRの水準で表されます）て，もって監査人が達成するARの水準を合理的なレベルに抑えます。そして，IRとCRとDRの関係をマトリックス化したものが，**図表6-7**です。

図表6-7　監査リスク構成要素間の相互関係

監査人が評価するCR

IR	高い	中程度	低い
高い	最低にする	低めにする	中程度にする
中程度	低めにする	中程度にする	高めでもよい
低い	中程度にする	高めでもよい	最高でもよい

太線内は受容可能な発見リスク(DR)の水準

5　リスク・アプローチの改良

　以上は，監査リスク・モデルに準じたリスク・アプローチですが，近年，このアプローチでは会計監査の実務が十分に機能しない面がある，

という問題が指摘され始め，実務的には，いくつかの改良が加えられて
きています。

　(1)　リスク・アプローチが機能するには，固有リスクと統制リスクの
評価が十分に行われ，また，その評価と発見リスクの水準の関連付けが
適切に行われる必要があります。

　しかし，固有リスクと統制リスクは別個に評価できず，むしろ，それ
らを結合して評価する場合が多く，評価した結合リスクを「重要な虚偽
表示リスク」としてとらえ，重要な虚偽表示リスクに対して，発見リス
クの水準を決定するアプローチが有効である，という考え方と実務が一
般的になってきました。

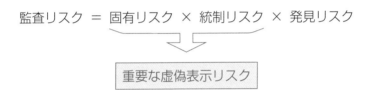

　ところが，実務では，固有リスクと統制リスクを安易に結合させ，そ
れぞれの評価がおろそかになり，結果として重要な虚偽の財務諸表の表
示を見落とし，監査を失敗する事態が，たびたび発生しました。

　とくに，財務諸表項目レベルでのいくつかの取引や勘定科目について
は，取引実施体制，商慣習，取引の認識，資産や負債の評価や管理の難
しさ，さらには会計処理の複雑さなど，固有リスクの高いものがあり，
これを正しく評価しないこと，つまり，リスク・アプローチを正しく適
用しないことが監査の失敗の原因になったという反省が生まれたのです。

　そこで，新しい監査基準（2020年11月改正）は，財務諸表項目レベル
での重要な虚偽表示リスクを評価する場合は，固有リスクと対応する統
制リスクを分けて適切に評価することをとくに求めました。つまり，本

来のリスク・アプローチの進め方が重要であることを強調したのです。

　そのうえで，たとえば，会計上の見積りや収益認識など，重要な虚偽表示が生じるリスクが高く，その虚偽表示が生じた場合の影響も大きいと見込まれる場合は，これを「特別な検討を必要とするリスク」として認識し，それが実際に財務諸表の重要な虚偽表示をもたらしていないか，実証手続を適用するなどして確かめることを求めたのです。

　⑵　統制リスクの評価は，実は，２段階に行われます。詳しくは，次の章で説明しますが，監査人は，最初に内部統制の整備状況を調査し，統制リスクに対する一定の暫定的な評価をし，そのうえで，年間の監査計画を編成します。したがいまして，重要な虚偽表示リスクも，あくまでも暫定的な評価となります。

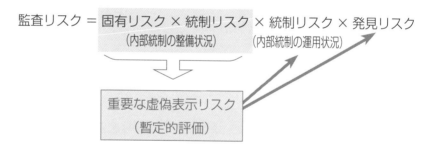

　続いて，内部統制の実際の運用状況の有効性の評価を通して，かなり確定的に重要な虚偽表示リスクを評価し，これを受けて，発見リスクの水準に反映させるのですが，実際には，発見リスクの水準は，当初に行った，重要な虚偽表示リスクの暫定的評価の段階で決められ，その後，内部統制の実際の運用状況の有効性の評価が暫定的評価と大きく違わない限り，最初に決められた発見リスクの水準で監査が推移することになります。

　改めて書き直した，監査リスクの構成要素間のリスク・モデルは，上

記のようになりますが，少々，複雑ですね。

　(3)　最近の企業会計の現場ではコンピュータ化が進み，日常的な取引はコンピュータの機械的な処理に任されることが多く，ミスも少なくなりました。

　むしろ，監査人が関心を有する粉飾や不正を原因とする重要な虚偽表示は，経営者クラスの判断や指示による場合が多いというのが実情です。しかも，経営者の犯す粉飾や不正は，事業上のリスク（ビジネス・リスク）が現実のものとなり，経営業績や存続可能性に関わるほどに重大となり，それに対処するために粉飾や不正が行われることがたびたびです。

　たとえば，金融機関で不良債権処理が進まずに，破綻に追い込まれることを避けるために，貸倒れ処理を先送りしたり，繰延税金資産を過大に計上して粉飾したりするのは典型的な例といえます。しかし，監査人はえてして財務諸表項目の監査に気を取られて，そのような巨視的な観点からのリスクを見落としがちです。「木を見て，森を見ず」とでもいうのでしょうか。

　そこで，重要な虚偽表示のリスクを評価する際に，財務諸表の虚偽表示をもたらす可能性のある事業上のリスク等の大きな視点からの虚偽表示のリスクを監査人が見落とさないようにすることを監査基準は要求しています。もし，事業上のリスク等が財務諸表の虚偽表示につながりそうなときに，その可能性が特定の財務諸表項目に限定できれば，その項目の監査に重点をおけばよいのですが，財務諸表全般に虚偽表示をもたらす可能性を否定できないときは，監査人員を全体的に増やしたり，そのリスクに対応した専門スタッフをあてたりすることで対応しようとします。

　(4)　以上に述べた事業上のリスク等といった大きな視点からの虚偽表示のリスクだけでなく，個別的な会計処理や財務諸表上の表示項目レベ

ルで監査人が識別する可能性のある虚偽表示のリスクがあります。

　会計上の見積りや収益認識等の重要な会計上の判断に関して財務諸表に重要な虚偽の表示をもたらす可能性のある事項，不正の疑いのある取引，関連当事者間で行われる通常でない取引等が監査基準で例示されていますが，監査基準は，監査人がこれらの事項を識別した場合，虚偽表示のリスクが高いものと認識し，これを「特別な検討を必要とするリスク」として，それが財務諸表に重要な虚偽の表示をもたらしていないかを確かめることを求めています。そのために，監査基準は，監査計画の策定にあたって，これらのリスクに留意し，とくに入念な監査手続を実施するなどの対応を求めています。

　監査基準の実施基準は，実は，以上のような，実務的に改良されたリスク・アプローチなのです（図表6-8）。

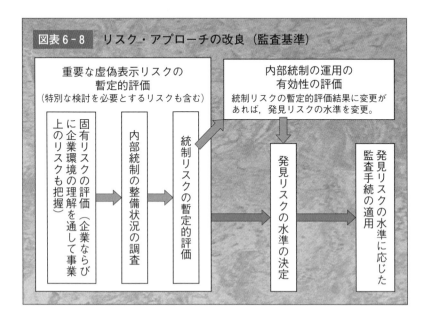

図表6-8　リスク・アプローチの改良（監査基準）

重要な虚偽表示リスクの
暫定的評価
（特別な検討を必要とするリスクも含む）

内部統制の運用の
有効性の評価
統制リスクの暫定的評価結果に変更があれば，発見リスクの水準を変更。

固有リスクの評価（企業ならびに企業環境の理解を通して事業上のリスクも把握）

内部統制の整備状況の調査

統制リスクの暫定的評価

発見リスクの水準の決定

発見リスクの水準に応じた監査手続の適用

第7章

会計監査の進め方(2)
──監査計画──

本 章 の 要 点

① 監査計画とは，監査業務の全体について，「いつ（when）」，「誰が（who）」，「どこで（where）」，「何のために（why）」，「何を（what）」，「どのようにして（how）」監査を行うかを決定することをいいます。

② 監査人の立場からは，重要性のある財務諸表上の勘定残高や取引項目は，そうでないものよりも入念に監査します。

③ 監査人は，勘定残高や取引項目ごとに監査リスクの達成水準を変化させるのではなく，勘定残高や取引項目への重要性の基準値の配分額を変化させて，発見リスクの水準に影響させることで，一定水準の監査リスクの抑制を達成しようとします。

④ 会計監査は，監査契約の締結あるいは継続，全体的監査計画の作成，重要な虚偽表示リスクの評価，および取引や勘定残高の実証手続の実施，監査の完了と監査報告書の作成といったプロセスで実施され，これらが監査計画でスケジュール化されます。

⑤ 監査計画は，売上とか仕入とか生産とかの，関連するひとまとまりの取引サイクルごとに行うのが，効果的で，効率的です。また，内部統制の評価や監査証拠の集計と評価も取引サイクル単位で行われます。

⑥ 会計監査は，監査対象の財務諸表の勘定残高や取引項目レベルで細分化した監査要点ごとに必要な監査手続を実施し，監査証拠を集め，その後，監査要点に対する立証事項を勘定残高や取引項目レベルで集計し，これを取引サイクル単位に統合して，最終的に，財務諸表全体に対する意見を形成します。

1 会計監査の実施プロセスと監査計画

　前の章で説明したように，今日の複雑かつ巨大な企業の会計監査を効果的かつ効率的に実施するためには一層の戦略性が求められるのですが，監査戦略に基づいて会計監査を実際に実行するためには，監査計画が不可欠です。

　監査計画を策定することの重要性については，これまでも「監査基準」で指示されてきましたが，リスク・アプローチのもとでは，各リスクの評価と監査手続，監査証拠の評価ならびに意見の形成との間の相関性が一層強くなりますので，この間の一体性を維持し，監査業務の適切な管理をするために監査計画はより重要性を増しているのです。

　監査基準では，これらの点に鑑（かんが）み，リスク・アプローチに基づいた監査計画の策定のあり方を指示し，同第三　実施基準，二　監査計画の策定１でも「監査人は，監査を効果的かつ効率的に実施するために，監査リスクと監査上の重要性を勘案して監査計画を策定しなければならない」と規定しています。

　監査計画は，監査業務の全体について，「いつ」(when)，「誰が」(who)，「どこで」(where)，「何のために」(why)，「何を」(what)，「どのようにして」(how) を決定することをいいますが，詳しくスケジュール化された監査計画を，とくに監査行動計画とか監査実施計画とか，監査手続書（audit program）といいます。

　一般的には，会計監査は，以下のようなプロセスで実施されますので，監査計画も，これらの手順を実務的にスケジュール化したものとなります（図表７−１）。

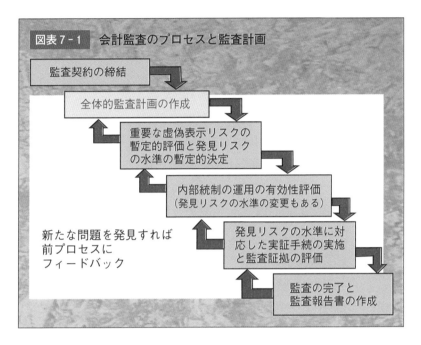

図表7-1 会計監査のプロセスと監査計画

① 監査契約の締結と継続
② 全体的監査計画の作成
③ 固有リスクと統制リスクの評価をもとにした重要な虚偽表示リスクの暫定的評価と発見リスクの水準の暫定的決定
④ 内部統制の運用の有効性評価
⑤ 発見リスクの水準に対応した実証手続の実施と監査証拠の評価
⑥ 監査の完了と監査報告書の作成

　以下で，会計監査の実施の手順を理解していただくために，それぞれについて説明しますが，本章では，②の全体的監査計画を説明し，③と④と⑤については第8章，⑥のうち，監査報告書の作成直前までを第9章で説明することにします。

2 監査契約の締結と継続

　会計監査は，依頼人との監査契約から始まります。

　会計監査の契約を初めて締結する企業の場合は，会計監査を実施することが可能かどうかの事前調査（パイロットテスト）を実施して，実施可能であること，またどの程度の監査報酬を要するかを確認してから契約を締結します。

　もし，内部統制が不備であれば，監査契約を締結する前に内部統制を整備してもらう必要もあります。また，企業規模や業種や組織などに見合った監査人の実施能力のバランスも必要です。

　たとえば，監査人自身のスタッフの規模に比して相手企業の規模が大きすぎるとか，相手企業が海外に事業展開しているときに，海外で監査を実施できる能力がなければ，引き受けることはできません。また，相手企業が情報技術を駆使して情報処理システムを設置し，運用しているときに，監査人に情報技術の知識や技術がなければ，十分な会計監査は実施できるはずがありません。

　不正や違法行為が発覚して前任監査人が監査契約を打ち切ったり，経営者が前任監査人との契約の継続を拒否したりする場合なども，監査契約の締結にあたっての検討事項となります。このような場合，前任監査人からの情報の入手も必要です。

　さらに，前年度から連続して契約する場合も，前年度の会計監査で生じた問題点を検討して，継続可能かどうかを判断します。たとえば，経営者と監査人の間で会計処理に関して意見の食い違いがあり，経営者が会計方針を変更しないままに契約を更新しようとするときに，監査人が会計監査の実施に大きなリスクを感じる場合，監査人は契約をしない場

合があります。

　さらにまた，相手企業と監査人の間に独立性の要件に抵触する人的あるいは経済的関係があるかどうか，といった点も評価され，常に見直されなければなりません。

3 　全体的監査計画の作成

　監査契約の締結の後，当初監査計画（initial audit plan）を策定して，監査契約の履行に関わる監査業務の概要を決めます。その後，監査計画の細目を詰めるために相手企業についての種々の情報を入手し，また，直接的あるいは間接的に財務諸表に虚偽表示をもたらす可能性がある企業内外の事業上のリスク等の要因があれば洗い出します。

　たとえば，その企業の経営者の誠実性，業績の推移および財政状態，企業の存続能力に関する懸念，企業の事業に影響を及ぼす景気の動向とか企業が属する産業の状況，株主構成，経営組織，企業の社会的信用，企業の事業内容，経営者の経営方針や理念，経営者や従業員の資質，企業が適用している会計方針やその変更，新しい会計基準の影響，企業が属する産業の特殊な取引慣行，情報システムの利用状況，会計上の見積りや複雑な計算等に基づく財務諸表への影響，これらに対する内部統制の状況など，実に，多くの調査事項を調査して，リスク要因を明らかにし，これを監査計画に反映します。

　ただし，この段階での監査計画は最終的なものではなく，今後の監査の進行具合や環境の変化，さらには新たな発見事項の出現などで，順次，変更されていく性格のものと理解してください。

　以下，リスク・アプローチの基本方針のもとでの監査計画の編成に関

わる具体的な手法を解説します。

4 監査上の重要性とリスク評価

(1) 監査上の重要性

　監査人は，監査計画の編成にあたって，最初に監査上の重要性を勘案します。監査上の重要性とは，もし監査対象の財務諸表上に虚偽表示があるとした場合に，その虚偽表示が投資家の投資判断に影響する可能性があると見込まれる物差しです。これは，一般的には，金額で表され，この金額を重要性の基準値といいます。

　基準値は，利益，売上高，総資産，自己資本などを考慮して監査人自身が設定します。たとえば，予想当期純利益の6％とか，過去3年平均売上高の3％といった設定です。監査人は，基準値以上の虚偽表示を見逃せば自己の責任が問われる事態になりかねないと考えていますので，そのようなことが生じないように監査計画を立て，監査を実施することになります。逆に，基準値以下の虚偽表示であれば，見逃しても，監査人の責任問題にはならないものと判断します。

　ということは，基準値が大きければ，許容する虚偽表示も大きいということができますので，金額の小さい勘定科目や取引記録は監査手続を実施しないとかの効率化が可能になります。しかし，効率化と正確な監査は表裏の関係にあることも多く，監査を失敗しないように注意が必要です。一方で，失敗を避けるために保守的に基準値を小さくすれば，より精緻な監査手続の適用が必要となりますので，手間とコストがかかります。

　このように，監査上の重要性の判断と基準値の設定は，監査全体の作

業量と監査結果の質に関わる，監査の要^{かなめ}ともいえる大切な問題です。

⑵　リスク・アプローチとの関係

　重要性の基準値の設定は相対的なもので，同じ業種，同じ規模であっても，企業によって異なります。たとえば，経営者が財務諸表を虚偽表示する動機が存在せず，またしっかりした内部統制が存在するために重要な虚偽表示のリスクが十分に低いと判断すれば，基準値を大きくすることが可能となり，監査リスクも低く抑えることができます。なぜなら，基準値が大きいことは発見しなければならない虚偽表示の金額マーカーが大きいことを意味し，発見リスクの水準も低くなり，監査の失敗の確率が低くなることを意味するからです。

　逆に，経営環境の悪化で業績不振が懸念されたり，経営者のモラルが低く，取締役会をはじめとするコーポレート・ガバナンスの機能に支障があったり，あるいは内部統制の欠陥が目立ったりするような場合は，重要な虚偽表示のリスクが高いと判断しますので，小さな虚偽表示にも注意を払うこととなり，基準値を小さく設定せざるをえなくなります。このことは，監査リスクを高めることにつながりますので，そのような事態を避けるために発見リスクを低くし，結果的に，より厳密な監査を実施することになります。

　このように，重要性の基準値は監査計画に大きく影響しますので，最初に設定します。その場合，数期間連続して監査している企業であれば，過去の監査の結果などから設定しますが，初めての企業を監査する場合であれば，監査計画の前に入念な予備調査を行って検討したうえで設定します。その場合も，もし，監査の途中で，当初の基準値では重要な虚偽表示を見落とすリスクがあると判断する事態に直面したり，基準値を下回る小さな虚偽表示も合計すれば重要な虚偽表示につながりかねない

と判断する事態になったりしたら，基準値を小さくして，監査計画を修正する必要があります。

　また，たとえば当期純利益に対する一定パーセントを基準値に設定した場合は，当期純利益に影響する要素は，売上高だけでなく，売上原価（当然に期首・期末の商品棚卸も関係），一般管理販売費など様々で，これは企業によって異なります。そこで，監査人は基準値に影響する取引項目等について，それぞれ見逃せない金額を配分することで，監査計画に反映させます。売上高などの一定パーセントを基準値に設定した場合も同じです。

　以上，要するに，監査人は，監査計画の編成にあたり，重要な虚偽表示を看過しないようにするために容認可能な重要性の基準値を設定し，これをもとに，達成すべき監査リスクの水準を確保する監査を実施するのです。

5 取引サイクル

　全体的な監査計画と，より具体的な実施計画である監査手続書を作成するにあたって，監査業務の効果と効率を考えて，取引サイクル別に編成するのが一般的です。

　取引サイクルという考え方は，たとえば，売上とか仕入とか生産とかの，関連するひとまとまりの取引群を相互に関連付けて監査計画を立案しようとするもので，効果的で，かつ効率的な監査計画が可能となります。したがって，監査手続も，ある取引サイクルに関連する勘定残高や取引高（たとえば，売上取引と売掛金，仕入取引と買掛金というように）をまとめて適用し，監査証拠も，その取引サイクル内で関連付けながら

評価します。

　取引サイクルの分類は，監査人により，また被監査企業の業種や業態や組織により異なりますが，基本的には，図表7-2のような分類が行われています。

　ただし，現金預金取引については，すべての取引に直接・間接に関係しているので，その監査結果も関連性に富み，しかも，現金預金は，不正や違法行為の温床になりやすく，見落とすリスクも高く，かつ逆に，虚偽表示の発見の手がかりとしても重要なために，各取引サイクルに関連付けて監査します。また，棚卸品も，仕入，生産，売上の主要取引に関連させて監査します。

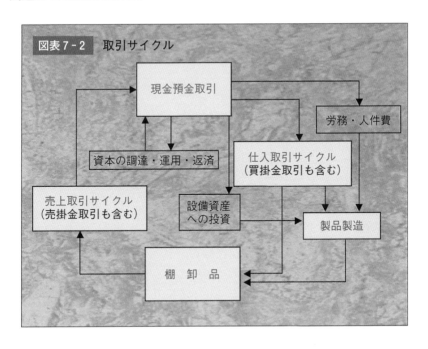

図表7-2 取引サイクル

6 監査要点への細分化と監査証拠の統合化

　さらに，監査計画は，取引サイクルの中の個別的な勘定残高や取引高のレベルでは，さらに具体的に立証すべき事項に細分化して計画されます。勘定残高や取引高レベルで，細分化され，具体的に立証目標化されたものを「監査要点」といいます。

　この点を，監査基準，第三　実施基準，一　基本原則，3では，「監査人は，自己の意見を形成するに足る基礎を得るために，経営者が提示する財務諸表項目に対して，実在性，網羅性，権利と義務の帰属，評価の妥当性，期間配分の適切性及び表示の妥当性等の監査要点を設定し，これらに適合した十分かつ適切な監査証拠を入手しなければならない」と述べています。

　図表7-3を見てください。

　この図は，監査対象の財務諸表について，取引サイクル単位で個別の勘定残高や取引項目レベル（現金預金，有価証券，売掛金，買掛金，借入金，売上高，売上原価などの個別勘定や取引額ごと）に監査計画を細分化し，それぞれについての監査計画を作成し，さらに具体的な立証目標ごとに必要な監査手続を計画して実施し，監査証拠を集め，その後，監査要点に対する立証事項を勘定残高や取引項目レベル，さらには取引サイクル単位で集計し，これを統合して，最終的に，財務諸表全体に対する意見を形成する，という監査の実際を表したものです。

　いずれにせよ，財務諸表を「丸ごと」監査するのではないのです。監査要点の例としては，以下のものがあります。

　実在性　：　勘定残高や取引高は実在し，実際に発生したものかどうか。

　網羅性　：　すべての取引が記録され，すべての残高が表示されている

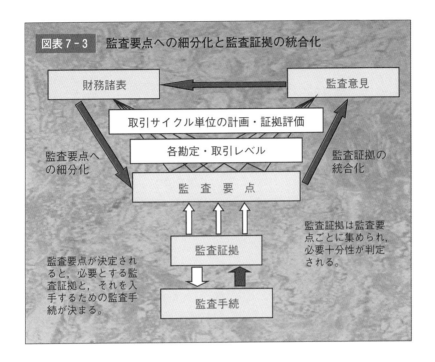

図表7-3　監査要点への細分化と監査証拠の統合化

財務諸表

監査意見

取引サイクル単位の計画・証拠評価

各勘定・取引レベル

監査要点

監査要点への細分化

監査証拠の統合化

監査証拠

監査証拠は監査要点ごとに集められ，必要十分性が判定される。

監査要点が決定されると，必要とする監査証拠と，それを入手するための監査手続が決まる。

監査手続

かどうか。

権利・義務の帰属 ： 資産は企業自身が権利を有するのか，負債は企業自身が義務を負うのか。

評価の妥当性 ： 会計基準に準拠した適切な評価が行われているかどうか。

期間配分の適切性 ： 原価配分と期間帰属は適切かどうか。

表示・開示 ： 財務諸表の分類表示は会計基準や法規に従い，また注記等の開示は適切かどうか。

たとえば，先の売掛金の監査を例にとれば，図表7-4のようになります。

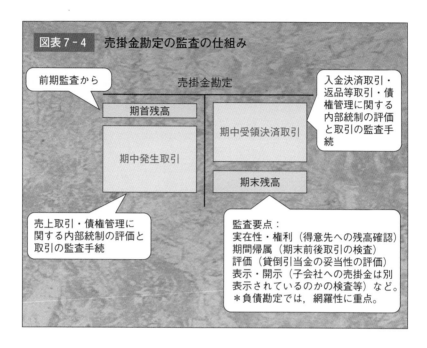

図表7-4　売掛金勘定の監査の仕組み

前期監査から

売掛金勘定

入金決済取引・返品等取引・債権管理に関する内部統制の評価と取引の監査手続

期首残高

期中受領決済取引

期中発生取引

期末残高

売上取引・債権管理に関する内部統制の評価と取引の監査手続

監査要点：
実在性・権利（得意先への残高確認）
期間帰属（期末前後取引の検査）
評価（貸倒引当金の妥当性の評価）
表示・開示（子会社への売掛金は別表示されているのかの検査等）など。
＊負債勘定では，網羅性に重点。

　売掛金に関して行った監査手続により集めた監査証拠で，売掛金の適正表示が確かめられますが，それは売上取引サイクルの中での他の関連科目や取引に関する監査証拠と関係付けられて評価され，同様に，他の取引サイクルレベルでの適正表示に関する監査証拠が集められ，それらが統合されて，財務諸表全体レベルでの適正表示の意見がまとめられます。

7 　試　　査

(1)　試査の意味

監査計画編成の骨子の説明は終わりましたが，監査手続を適用する際

の基本的な方法は試査です。

　監査基準の実施基準，── 基本原則，4は，「監査人は，十分かつ適切な監査証拠を入手するに当たっては，財務諸表における重要な虚偽表示のリスクを暫定的に評価し，リスクに対応した監査手続を，原則として試査に基づき実施しなければならない」として，試査を監査手続の原則的実施方法と位置付けています。

　ここで，試査（test, testing, test checking）は抜き取り検査を意味し，これに対応するのは精査（detailed checking），つまり全部検査です。精査は，とくに大規模な企業の監査の場合，監査費用が巨額になりすぎ，企業としても受け入れられないし，また実務的にも実施は無理でしょう。さらに，会計監査の基本的目的は，財務諸表の情報としての信頼性の担保にありますので，重要性が低い些細な取引まで監査することの意味もありません。

　ただし，無計画な抜き取り検査の適用は会計監査の信頼性を低下させる原因となります。そこで，もし企業が内部統制を整備し，事実上の精査体制で取引や会計記録をモニターしている場合，会計監査が，再度，同じ機能を実行する必要はないと考え，抜き取り検査，つまり試査を行うことは合理的である（内部統制が整備されていなければ，補完するかたちで試査範囲を拡張することも逆の意味で合理的です），という考えと実務が生まれました。また，抜き取り検査自体も統計理論の発達によって，とくに標本抽出検定（サンプリング：sampling）理論として科学的な裏付けが得られています。

　このように，試査は，抜き取り検査の思考をもとにした監査手続の適用方法を指しますが，広義には，単に監査項目の抜き取り検査という意味だけでなく，危険性や重要性に応じて監査項目間で重点を変えるという意味も含みますので，それは，監査戦略それ自体を指すということも

できます。

　ただし，ここでは，母集団からの項目抽出に基づく監査手続の適用方法，という狭義の意味で試査を説明します。

(2)　試査の手順

　狭義の意味の試査でも，試査には2つの用い方があります。

　1つは，母集団となる取引記録や財務諸表項目のなかから，金額の重要な項目，誤謬のリスクの高い項目，あるいは誤謬が存在するとすれば影響が大きい項目などを抽出し，これに対して監査手続を適用する方法です。

　たとえば，固定資産売却益勘定中の98件の取引のうち，土地と建物の売却に伴う取引が7件で，売却益総額の83%にあたり，これらの取引を，資産売買契約書や証憑書類の閲覧と突合（実務的には「とつごう」ともいいます）や権利抹消手続についての質問，さらに，とくに大きな取引1件については，相手先への確認と視察を行い，残りの取引は，領収書で証憑突合するだけにとどめる，といった手法があります。これは，サンプリングとは異なります。

　2つ目は，サンプリングです。これにも，統計的サンプリングと非統計的サンプリング（「経験的サンプリング」ともいう）があります。前者は，母集団からのサンプル抽出に無作為抽出法を用い，結論を確率論で導き出しますが，統計的サンプリングには種々の方法があります。

　非統計的サンプリングは，サンプリング手法の選択，サンプル数の決定，サンプルの抽出，結果の判定の全て，あるいはいずれかを経験や判断（勘）に頼るものです。しかし，統計的サンプリングのような，客観的な条件付けや判定値が付されないために，判断の根拠が主観的となりますが，その利点は，その融通性，統計についての専門知識を必ずしも

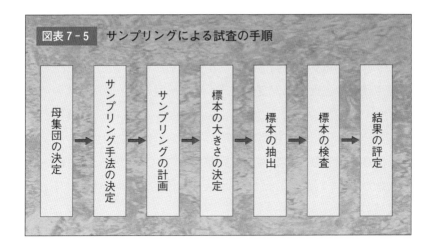

図表7-5　サンプリングによる試査の手順

母集団の決定 → サンプリング手法の決定 → サンプリングの計画 → 標本の大きさの決定 → 標本の抽出 → 標本の検査 → 結果の評定

必要としない点にあります。したがって，状況に応じて，使い分けられます。

　サンプリングによる試査の手順を**図表7-5**で示しました。

　サンプリングは，抜き取り検査ですから，サンプリング・リスクが存在します。内部統制の評価手続でサンプリングを利用する場合，統制リスクを過小に評価し，実際よりも内部統制が良好であると結論付けたり（ベータ・リスク：正しくないものを正しいと判断するリスクです），逆であったり（アルファ・リスク：正しいものを正しくないと判断するリスクです），あるいは実証手続で重要な虚偽表示の可能性を低く推定したり（ベータ・リスク），逆であったり（アルファ・リスク）します。

⑶　**サンプリングの適用**

　サンプリングの適用事例としては，大きく，内部統制の評価手続での適用と実証手続での適用の2種類に分類できますが，内部統制の評価手続で適用する手法の代表は，属性サンプリング（attributes sampling）です。これは，いわゆる頻度推定法とよばれ，母集団における一定の内部統制手続からの逸脱率の推定により，内部統制手続への準拠性，つまり内部統制の有効性を評価する方法です。

実証手続では各種のサンプリング手法が適用されますが，代表的な手法は変数サンプリング（variables sampling）という，母集団の実際金額や虚偽表示の総額を推定するための手法です。変数サンプリングにはいくつかの種類がありますが，金額単位サンプリング法（monetary unit sampling：MUS）と平均推定法（mean-per-unit：MPU）が主力です。

図表7-6で，内部統制のリスク評価にあたり，売上伝票が所定の内部統制手続から逸脱している事例を誤謬としてとらえ，母集団中の誤謬率（逸脱率）の推定を行う場合を考えてみましょう。

母集団から無作為にサンプルを抽出し，そのサンプル中の内部統制手続からの逸脱率が母集団の真実の逸脱率をどの程度に正確に反映しているかの推定がこのサンプリングの目的です。

サンプル数の決定要因としては，サンプリング・リスクの受け入れ可能水準（信頼水準の補数：95％の信頼水準であれば，5％がリスク水準。リスク水準を低く抑えようとすればサンプル数は多くなる），許容誤謬率（内部統制手続からの許容逸脱率をいい，許容範囲が大きければサンプル数は少なくなる），予想誤謬率（予想逸脱率をいい，予想範囲が大きければ，それらが小さいときに比べて母集団の特質を正確に推定するためにサンプル数は多くなる）があります。

サンプル中の逸脱率が母集団の真実の逸脱率を反映している確からしさが，許容範囲（精度）プラス・マイナス○○％の範囲で，たとえば95％である，といった結論を出します。許容範囲が広がれば，信頼水準は高くなり，狭まれば，信頼水準は低くなります。

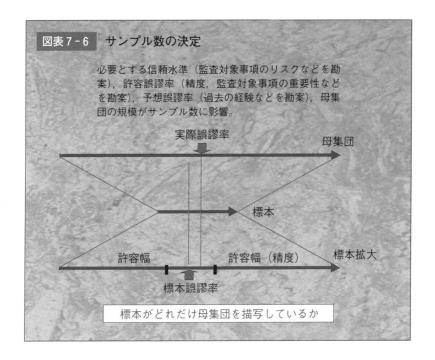

図表7-6　サンプル数の決定

必要とする信頼水準（監査対象事項のリスクなどを勘案），許容誤謬率（精度，監査対象事項の重要性などを勘案），予想誤謬率（過去の経験などを勘案），母集団の規模がサンプル数に影響。

実際誤謬率

母集団

標本

許容幅　　　許容幅（精度）　　標本拡大

標本誤謬率

標本がどれだけ母集団を描写しているか

　たとえば，リスク・アプローチのもとで監査リスクを一定水準以下に抑える場合，重要性を発見リスクの水準に直接に反映させると監査リスクの水準自体が重要性次第で変化してしまいます。そこで，重要性の高い項目については許容範囲を狭くして信頼水準自体を変更しなければ，一定水準以下に監査リスクを抑えることが可能となります。

第 8 章

会計監査の進め方 (3)
——リスク評価と監査手続——

本 章 の 要 点

① 固有リスクは，企業内外の経営環境に起因して財務諸表に虚偽表示をもたらす様々なリスク，ならびに会計取引や事象それ自体が有する虚偽表示のリスクからなります。

② 統制リスクは内部統制の欠陥に起因して，財務諸表の虚偽表示をもたらすリスクです。

③ 内部統制とは，事業経営の有効性と効率性を高め，企業の財務報告の信頼性を確保し，かつ事業経営に関わる法規の遵守を促すことを目的として企業内部に設けられ，運用される，企業内部の様々の仕組みを総称したものです。

④ 監査人は，一般に，固有リスクと統制リスクを一括して評価し，重要な虚偽表示リスクとしてそのリスクの高低に応じて，発見リスクの水準を決定して，必要とする監査手続と監査証拠を決め，それらの監査手続を実施して監査証拠を入手し，意見形成の基礎を得ます。

⑤ 重要な勘定残高について，実在性や網羅性など，直接に立証する監査手続（実証手続）を実施することになります。たとえば，現金や有価証券の実査，棚卸商品の定期棚卸しへの立会，売掛金や貸付金の確認といった手続です。

⑥ 監査要点を立証するにあたって，監査証拠は，量的な十分性と質的な適切性の２つの要件を満たす必要があります。

1 固有リスクの評価

固有リスクは「関連する内部統制が存在していないとの仮定のうえで，財務諸表に重要な虚偽の表示がなされる可能性をいい，経営環境により影響を受ける種々のリスク，特定の取引記録および財務諸表項目が本来有するリスクからなる」と定義されます。

それは，事業上のリスクを含む企業内外の経営環境に起因して財務諸表に虚偽表示をもたらす様々なリスク，ならびに会計取引や事象それ自体が有する虚偽表示のリスクからなります。

一般に，社会全体の景気の悪化，企業が属する産業の構造的な不況，あるいはその企業独自の理由で，業績が悪化すると，粉飾をして，株主や債権者や取引先を欺こうとする経営者がでてきます。ということは，業績の悪化した企業の監査は，業績が好調な企業の監査よりも，財務諸表の虚偽表示のリスクが高いということを意味し，その分，監査人は，より注意しながら監査をすることになるでしょう。

最近の典型的な事例として，ある不良債権の処理が進んでいない銀行があり，自己資本比率が一定率を割り込むと，その銀行は行政的に解散命令が出されるという法規制があるために，その銀行は，貸倒れ処理すべき債権を隠す行為をしてしまいました。

固有リスクの要因としては，以下のような例があります。

企業内外の経営環境 ： 企業が属する産業の状況，景気の動向，企業の社会的信用，競争の状況，製品・サービスに関連する技術革新の影響，消費者の需要動向の変化，事業の特殊性，業界に特殊な会計慣行，新たな会計基準の採用，採用している情報技術（IT）および情報システム，複雑な資本構成，関連当事者の重要性，経営者の誠

実性，経営理念および経営方針，経営者の会計や開示制度に関する
知識の程度，任期途中の経営者や幹部の交代，経営者に対する異常
な圧力，経営組織や人的構成，取締役会または監査委員会の機能の
監督または監査，監査役会または監査役の監査
　特定の勘定や取引が本来有する特性　：　専門家を必要とするような特
　殊または複雑な取引および事象，年度末またはその近くでの多額で
　複雑な取引，通常の処理によらない例外的な取引，経営者の見積り
　や判断を必要とする項目，現金や有価証券等の資産の流用の可能性

　固有リスクの評価は，経営者，従業員などへの質問，分析的手続（た
とえば，会社の過年度の財務諸表数値や当年度の予算数値等と実績の比
較など），視察，議事録などの文書の閲覧などを通して行われますが，
一般には，固有リスクの実現を阻止する内部統制のリスク（統制リス
ク）の評価が一緒に行われます。
　固有リスクには企業全般に影響するもの，したがって，財務諸表の特
定の勘定残高や取引項目の虚偽表示と相関性を持たせることができない
ものと，ある取引サイクル，さらには勘定残高や取引項目，さらにはそ
れらの監査要点ごとに評価できるものとがでてきます。
　前者については，できるだけ特定の勘定残高や取引項目レベルにブ
レークダウン（細分化）することが必要ですが，それが困難で，しかも
財務諸表全般に重要な虚偽表示をもたらす可能性のあるリスク要因につ
いては，監査全体の人員や時間を増やしたり，IT 企業などの特殊な業
種では専門的スタッフを張り付ける必要もでてきます。
　ある取引サイクル，さらには勘定残高や取引項目，さらにはそれらの
監査要点ごとに評価できるものについては，そのサイクル，勘定，取引
項目に関する内部統制の統制リスクの評価と総合して，重要な虚偽表示

リスクとして「低位」「中位」あるいは「高位」と評価して，発見リスクの水準に反映させることになります。

2 統制リスクの評価と取引の実証手続

(1) 内部統制

　内部統制（internal control）とは，事業経営の有効性と効率性を高め，財務を含む各報告の信頼性を確保し，財産を保全し，かつ事業経営に関わる法規の遵守を促すことを目的として企業内部に設けられ，運用される，企業内部の様々な仕組みを総称したものです。

　逆にいえば，事業経営の有効性と効率性を阻害したり，報告の信頼性を損なったり，企業の財産を損なったり，あるいは法規を破ったりするような，企業目的を損なう種々のリスクを最低限に抑え，企業の目的を最高度に達成させようとする仕組みと理解してもよいでしょう。

　図表8－1をみてください。

　内部統制は，企業のあらゆる部門，部署，職位・職制について，企業目的，あるいはそれを実現するための業務計画に沿った業務の遂行，その結果の検証と必要な是正措置という一連のプロセスが存在し，それぞれについて，企業目的を損なうリスクについての評価と管理とプロセスの監視（モニタリング）の制度が存在すると同時に，その制度が実際に有効に運用され，また必要に応じて，適時・適切に情報が作成され，伝達され，そのような仕組みが，企業全体の視点から，常時，監視される，という体制をいいます。

　しかも，これらの内部統制を強固に作り上げ，維持していくという経営者やコーポレート・ガバナンスに関わる人々（取締役会や監査役な

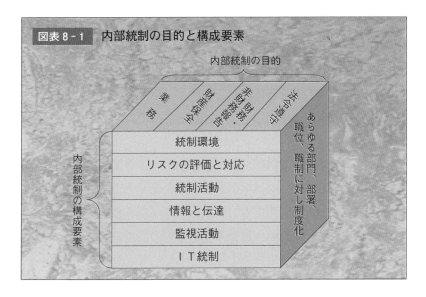

図表 8 - 1　内部統制の目的と構成要素

内部統制の目的

業務
報告の信頼性
資産の保全・法令等の遵守
状況分析

内部統制の構成要素
統制環境
リスクの評価と対応
統制活動
情報と伝達
監視活動
ＩＴ統制

あらゆる部門、部署、職位、職制に対し制度化

ど）の意思と制度（統制環境）が不可欠です。また，ＩＴ（高度情報技術）を活用して，これらを企業の日常的な統制下におくことで効率化と効果が高められます。

　こういった内部統制の仕組みは，その機能と役割に関して，国際的にも共通の理解が行われていますが，それぞれの企業において，具体的にどのような内部統制の仕組みを構築し，どのように運用するかということについては，各国の法制や社会慣行あるいは個々の企業の置かれた環境や事業の特性等を踏まえ，企業自らが，ここに示した内部統制の機能と役割を効果的に達成し得るよう工夫していきます。

　なお，会計監査では，基本的に，企業の財務報告の信頼性を確保する目的に関係する内部統制が監査人の評価の対象となります。

(2)　会計監査と統制リスク
　会計監査の視点からは，このような目的を有する内部統制（とくに，

財務報告の信頼性を確保する部分）が対象企業にしっかりと整備され，運用されていれば，会計記録の対象になる取引やその他の経営行動に対しても，企業内部の管理体制のもとで，意思決定や承認，遂行，最終決済，そして法規への遵守が行われているという安心を得ることができますし，不正や誤謬も未然に防止または摘発されて，会計記録にも信頼がおけます。

　これも，逆にいえば，内部統制に不備があり，有効に機能していなければ，会計記録の対象である取引や経営事象に不正や誤謬が加わり，会計記録の隠蔽や改ざんの可能性（統制リスク）が高まり，その分，監査人は，監査手続の強化を図り，監査手続の種類や適用の範囲やタイミングを強化して，入手する監査証拠の量を多くしたり，立証力の強い監査証拠を入手したりすることで，監査人自身が不正や誤謬を原因とする虚偽表示を見逃す可能性（発見リスク）を低くして，結果として，誤った監査

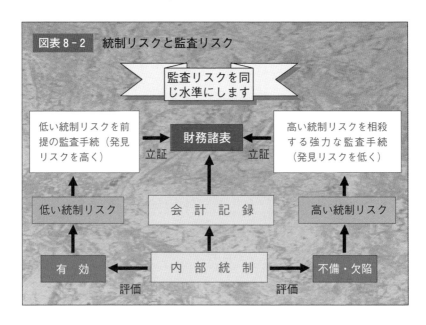

図表 8 - 2　統制リスクと監査リスク

意見を形成する可能性（監査リスク）を低めようとします（図表8-2）。

　つまり，監査人は，まず，固有リスク，続いて，それに対応する統制リスクを一括して重要な虚偽表示リスクとして評価し，そのリスクの高低に応じて，発見リスクの水準を決定して，必要とする監査手続と監査証拠を決め，それらの監査手続を実施して監査証拠を入手し，意見形成の基礎を得て，結果として，重要な虚偽表示リスクが高い場合も，低い場合も，監査リスクを同一の合理的に低い水準に抑える，という監査判断をするのです。

(3) 取引の実証手続の実施

　次に，監査人は，種々のリスク要因に起因して発生する可能性のある虚偽表示を，企業の内部統制が実際に防止または摘発して，その管理機能を有効に働かせているかどうか，また内部統制にどのような不備・欠陥があるかを評価します。なお，このような内部統制の評価も，売上取引，仕入取引，生産取引，財務取引等の主要な取引サイクルごとに行うのが効果的で，効率的です。

　内部統制の機能の有効性ならびに不備・欠陥を評価するための監査手続としては，内部統制を実際に機能させる具体的な手段や組織に関係する責任者や担当者への質問，監査人自身による情報処理システムのコントロール機能の分析と再実施，内部統制の存在と機能を裏付ける文書や記録や報告書の閲覧と検査，統制活動の視察などがありますが，これを一定期間の内部統制の機能について実施したり，あるいは定期的に繰り返したりします。

　内部統制が有効に機能していない場合は，その不備・欠陥から発生あるいは見過ごされる可能性のある虚偽表示のリスクを判定することになります。そのうえで，内部統制の不備・欠陥から発生あるいは見過ごさ

れるかもしれない虚偽表示を発見し，あるいは虚偽表示がないことを直接的に立証するために行う監査手続（これを「実証手続」といいます）の種類，範囲および適用時期などについての一定の判断を行い，その判断に従って，取引記録に対して，その取引の実在性や記録の網羅性などについての実証手続を適用します。

　具体的には，取引が必要な証拠書類で裏付けられ，企業内の正規の手続で処理され，漏れなく記録され，それらの処理が会計基準に従って適切に処理されているかどうかを確かめるために，情報処理システムのテスト・データ処理や再処理，伝票と裏付け資料との相互照合（伝票突合），伝票や補助簿や勘定記録との相互照合（帳簿突合），転記関係の整合性の照合（転記突合），検算（計算突合）などを実施します。

　なお，これらは会計期間中に行われるのが一般です。監査人が発見した内部統制の不備・欠陥は，発見しだい，経営者に改善を勧告して，不正や虚偽表示を未然に防ごうとさせるからです。

3 勘定残高の実証手続の実施

　以上の固有リスクならびに統制リスクを一括した重要な虚偽表示リスクの評価結果を受けて発見リスクの水準を決定し，ついで，勘定残高の実証手続のプロセスに入ります。

　まず，監査人は，各勘定残高について生じうる虚偽表示の可能性を推測し，かつ残高に関する詳細な実証手続の負担を減らすために，最初に分析的手続（analytical procedure）を実施します。これは，財務データ相互，財務データと非財務データとの間の相関関係を利用して，鳥瞰的な視点から，虚偽表示の可能性を探ろうとする監査手続です。

　たとえば，売上粗利益率や製品回転率の変化を部門や製品系列ごとに月次で分析すれば，架空の売上高，つまり売掛金の過大計上の有無についての見当がつく可能性があります。また，従業員の増減データと賃金給与や社会保険料の関係はかなり相関性があります。さらに，予算数値と実績との比較も虚偽表示の可能性に関して有効な指標を提供することになります（図表8−3）。

　そのうえで，重要な勘定残高について，実在性や網羅性など，直接に立証する監査手続を実施することになります。たとえば，現金や有価証券の実査，棚卸商品の定期棚卸しへの立会，売掛金や貸付金の確認といった手続です。

　これらを勘定残高の実証手続といいますが，これらは，一般には期末時点，あるいはそれに近い時点で行われます。

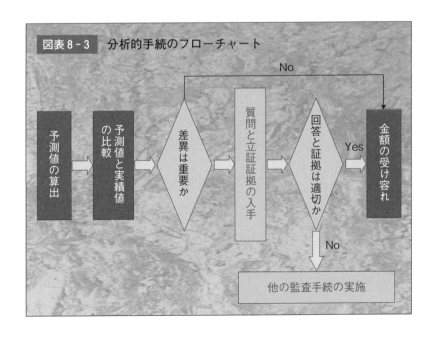

図表8−3　分析的手続のフローチャート

以下，実査，立会・視察，確認という代表的な監査手続について簡単に説明します。

　実　査：資産の現物について，その存在，金額，量，質，状態などを監査人自らが実際に視認して確かめること。物理的・視認的証拠を入手。手許現金，有価証券，手形，棚卸資産等の監査。入手される監査証拠は一般に最も立証力が強いとみられますが，適用対象の資産の種類と状況は限定されます。また，強い証拠力を保つには実施時に適切な実務管理が欠かせません（たとえば，現金・有価証券・手形の同時監査など）。

　立会・視察：資産の実地棚卸しの現場，事務作業や製造現場，建設現場などに監査人が出向き，現場の作業手順や計画を評価し，質問や抜き取り検査などにより，棚卸し作業などの妥当性や正確性についての物理的・視認的証拠を入手すること。棚卸資産，現金・有価証券・手形，建設仮勘定（工事現場）などに適用します。

　確　認：監査対象事項について取引相手，外部第三者，専門家等に確認状で問い合わせ，書面での回答を得ること。売掛金残高についての得意先への確認，預金や借入金残高についての銀行への確認，保護預かり証券についての証券会社への確認，棚卸資産の科学的性格についての検査会社への確認など。第三者からの強力な立証力を有する証拠を入手します。

　もちろん，このほかにも，帳簿突合（帳簿相互間の照合），証憑突合（帳簿と証憑書類の照合），伝票突合（帳簿と伝票の照合），計算突合（検算），質問，経営者確認（経営者に質問し，書面で回答を得ること），年齢調べ，閲覧・走査など，様々な監査手続があります。

4 監査証拠の評価

　監査人は，以上の監査手続を終えた段階で，最終的な監査意見の形成に移るのですが，個々の監査要点を立証する根拠を監査証拠（audit evidence）といいます。

　ある監査要点を立証するにあたって，監査証拠は，量的な十分性（sufficiency）と質的な適切性（appropriateness）の 2 つの要件を満たす必要があります。

　図表 8 - 4 を見てください。量的な十分性は，監査要点の立証に関わる重要な虚偽表示リスクの評価を受けた発見リスクの程度と重要性に影響されます。

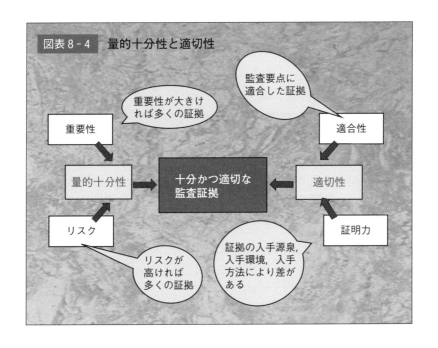

図表 8 - 4　量的十分性と適切性

つまり，発見リスクを低く抑える必要があるときは，より多くの証拠が必要ですし，そのために，一般には，抜き取り検査（試査）の範囲を広げることで対応します。また，重要な勘定残高や取引項目については，各監査要点レベルで重要性の基準値を小さくすれば，基準値が大きな場合よりも自ずと立証に必要な監査証拠の量は多くなります。

　さらに，適切性については，監査証拠の適合性（relevancy）と証明力（reliability）の要件を満たす必要があります。適合性は，監査要点に対して的確な立証力を有し，論理的な関連性を有するかどうかをいいます。的外れな監査証拠をいくら積み上げても，立証できない場合があります。

　また，証明力は，監査証拠の入手源泉（一般には，外部源泉と内部源泉に分かれます），入手環境（内部統制の整備状況など），入手方法（監査人自らの直接入手か被監査企業を通しての間接入手か，タイミングが期中か期末か，事前通知か抜き打ちかなど）の3つの質をいいます。

　一般的には，監査証拠は量が多ければ多いほど，また適合性および証明力が高ければ高いほど，立証の程度は高まりますが，入手の手間とコストは多くなります。また，個々の監査要点の立証の程度が高まれば高まるほど，その勘定残高や取引事項についての立証の程度は高くなり，最終的には，財務諸表全体に対する意見形成の基礎は確実さを増します。

　監査基準の実施基準，一　基本原則，3は「監査人は，自己の意見を形成するに足る基礎を得るために，経営者が提示する財務諸表項目に対して，実在性，網羅性，権利と義務の帰属，評価の妥当性，期間配分の適切性及び表示の妥当性等の監査要点を設定し，これらに適合した十分かつ適切な監査証拠を入手しなければならない」と規定していますが，その意味は，以上のとおりです。

第 **9** 章

会計監査の進め方 (4)

──監査の完了まで──

本 章 の 要 点

① コンピュータ環境下でシステム自体の信頼性を確かめる手法には，コンピュータ周辺監査とコンピュータ処理過程監査の2つがあります。

② 連結財務諸表の監査に特有の問題として，他の監査人の監査結果や監査報告書の利用の問題がありますが，この問題は，監査人の責任上，一層，重要性を増してきました。

③ 財務諸表の開示規則は，企業に対して，継続企業（ゴーイング・コンサーン）の前提に関わるリスク情報の開示を求め，監査基準も，監査人に対して，その前提に関わるリスク情報の開示の適切性を評価することを求めています。

④ 監査を完了し，財務諸表の適否に関する監査意見を形成する前に，偶発事象，後発事象などの開示の問題に見落としがないかを確かめる必要があります。

⑤ 偶発事象や後発事象の有無，継続企業の前提に関する情報提供と経営者の評価といった事項のほかにも，財務諸表の作成責任は経営者にある旨など，多くの事項で，経営者確認書を入手します。

⑥ 監査の品質管理の観点から，監査責任者による監査調書の査閲，および同じ監査事務所内での独立した審査担当者による監査意見に対する審査の仕組みがとられます。

1 コンピュータ環境下の監査手続

今日の企業会計は，コンピュータを使った全体的な情報処理システムの一環として実施されることはご承知でしょう。しかも，高度な情報通信システムと組み合わされてオンライン化され，会計記録も電子媒体でしか残されません。また，内部統制も情報処理システムに組み込まれて機能します。

したがって，監査人も，そのようなコンピュータ化された環境にふさわしい監査手続を実施しなければ，満足のいく会計監査を実施することはできません。

監査基準も，実施基準，二　監査計画の策定，6で「監査人は，企業が利用する情報技術が監査に及ぼす影響を検討し，その利用状況に適合した監査計画を策定しなければならない」と述べています。

一般的には，コンピュータ環境下の会計システムでは，紙媒体の記録が少なくなる代わりに，処理の一貫性と正確性は確保されるので，監査人は，紙媒体での会計記録の照合よりも，システム自体の信頼性を確かめるための監査手続に大きな比重をかけることになります。

システム自体の信頼性を確かめる手法には，コンピュータ周辺監査（audit around the computer）とコンピュータ処理過程監査（audit through the computer）の2つがあります。

(1)　コンピュータ周辺監査

コンピュータ周辺監査は，コンピュータが情報をどのように処理するかを無視し，入力と出力が合致すれば処理過程は正確であるはずと推定する手法です（**図表9-1**）。

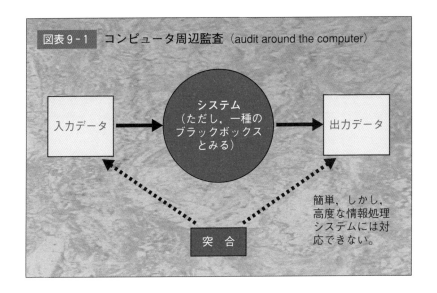

図表9-1　コンピュータ周辺監査（audit around the computer）

システム
（ただし、一種の
ブラックボックス
とみる）

入力データ

出力データ

突　合

簡単，しかし，
高度な情報処理
システムには対
応できない。

　入・出力の突合は，原始 証 憑 や伝票と最終記録との証憑突合や帳簿
突合や計算突合で行います。このアプローチは，コンピュータに関する
特別な知識や分析技法が不要な点で利点があります。

　とくに，初期のコンピュータ会計システムでは，原始証憑や伝票が残
され，処理結果もプリント・アウトされ，しかも，コンピュータ・セン
ターなどの特定の場所でのバッチ処理がほとんどでしたので，事実上，
手作業処理環境と変わらず，多くのシステムがこのアプローチの適用で
の検証が可能でした。

　しかし，コンピュータ周辺監査はシステムとその運用の直接の分析と
信頼性の検証をしたわけではなく，さらにオンライン処理などの複雑な
システムでは途中処理結果や最終結果のプリント・アウトが難しい場合
もありますので，利用が限定されます。

　とくに，現代の会計システムでは，会計記録の内容がハードコピー化

されることは稀で，処理自体も通信ネットで結ばれ，かつ処理の場所が分散化し，さらに他の情報処理とも統合化されているので，コンピュータ周辺監査だけでは十分かつ適切な監査証拠の入手は難しくなった，といえます。ましてや，大規模な企業の監査では，この手法での監査の実施は不完全で，事実上，実施不能ということができるでしょう。

(2) コンピュータ処理過程監査

コンピュータ処理過程監査は，システムの運営組織，データ・ファイルやプログラムやハード自体へのアクセスの制限状況などの内部統制の実態調査，プログラム設計，導入，更新の各システム，バックアップ・システムなどの視察や質問，さらにはプログラム内容の直接の検証のための閲覧（プログラム・コーディングの閲覧）や分析などを行います。

そのうえで，テスト・データ法（test data method：監査人自身の管理のもとで被監査企業のシステムをマスター・ファイルかダミー・ファイルのコピーを用いてテスト・データを処理し，システム処理の正確性，統制の有効性を確かめます。図表9-2）や統合テスト法（ITF法，integrated test facility method：架空企業を被監査企業のシステム中に組み込み，架空企業に生起する架空取引を当該システムで処理し，システム処理の正確性，統制の有効性を確かめます），その他の方法で，システムとその運用の信頼性の直接の検証を行うアプローチです。

このアプローチは，簡単なシステムにも複雑なシステムにも対応でき，取引処理に対する直接の検証ができる点でコンピュータ周辺監査よりも信頼性は高いといえます。ただし，コンピュータの専門知識（ときには特別のスタッフ）を要し，監査費用も高額になるために，2つのアプローチを監査対象企業の規模やシステム，あるいはアプリケーションし

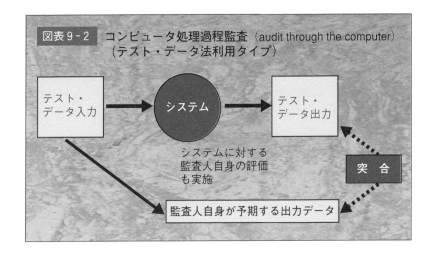

図表9-2　コンピュータ処理過程監査（audit through the computer）（テスト・データ法利用タイプ）

テスト・データ入力　→　システム　→　テスト・データ出力

システムに対する監査人自身の評価も実施

監査人自身が予期する出力データ

突　合

だいで使い分けるのが現実的な方法です。

(3)　コンピュータ利用監査

　なお，コンピュータ・ソフトを利用して実際の会計システムの処理を追跡検証する方法が上記のコンピュータ処理過程監査で利用されたり，サンプリングのサンプル抽出や解析にコンピュータを利用したり，期末勘定残高の監査にあたり，たとえば，売掛金の元帳を年齢別に分析し，確認先の選定や確認状の作成や宛名書きなどでコンピュータを利用したりする手法など，データの計算，集計，抽出，分類，比較，監査調書作成などにコンピュータを利用する技術が開発されています。

　汎用監査ソフトウエア・パッケージ（generalized audit software package）は，こうした各種の基本技術を監査目的に適合するように統合させたものですが，このような，コンピュータを利用した監査手法を，コンピュータ利用監査（audit with the computer）といいます。

　たとえば，コンピュータを使えば，電子的に処理された取引データと

証憑とを，広範，かつ効率的に突合でき，データの規格化などの条件さえ整えば，精査することも可能です。

　さらに，最近の監査技術として急速に開発されているのが，情報技術（IT）とAI（人工知能）を活用した監査のアプローチです。

　たとえば，被監査企業の収益動向，在庫品の回転率，原価率などのデータをその企業の過去のデータだけでなく，業界全体の当該データや景気動向指数などの外部データと比較して分析し，リスク評価に使ったり，過去の不正事例に関するデータを蓄積しておき，不正会計の徴候を自動検知するシステムを採り入れたりする事例もみられます。

　また，被監査企業の情報処理システムに監査人側の監視システムを常駐させ，継続監査（continuous auditing）的に，会計記録の異常をリアルタイムにチェックするという監査アプローチの導入も始まっています。

　このように，コンピュータ環境下で，監査の技術も激変しているのが現状ですが，監査人側も誰もがコンピュータや情報技術に関する技術や知識を持つわけでなく，それぞれに，それらの専門家の支援を受けながら，新しい環境に適合しようとしています。

2 他の監査人の監査結果の利用と連結財務諸表の監査

　企業の事業ならびに投資活動がグローバル化し，さらには世界的規模で資本市場がネットワーク化され，投資者のためのディスクロージャーの透明化の要請が一段と強まるのに伴い，連結財務諸表の開示制度がますます重要になってきています。また，それにあわせて，その監査（以下「連結監査」）も重要性を増してきました。

　とはいえ，これまでに述べてきた会計監査の諸問題は個別財務諸表の監査であれ，連結監査であれ，共通しているので，連結監査を特別に説明することもありませんでした。ただ，連結監査に固有の問題もあります。それは，他の監査人の監査結果の利用の問題です。

　企業活動の広域化，国際化に伴い，連結監査にあたっては，連結グループに含まれる企業，とくに海外子会社の監査を現地の監査人に依頼したり，あるいは法制上，現地監査人の監査を受け容れざるをえないことも多いのです。また，国内グループ会社の監査にあたっても，グループ内企業の監査を他の監査人が実施している場合は，その監査結果や監査報告書を利用することもあります。

　主たる監査人による他の監査人の監査結果の利用の場合の基本的な指針として，監査基準の実施基準，四　他の監査人等の利用，1に「監査人は，他の監査人によって行われた監査の結果を利用する場合には，当該他の監査人によって監査された財務諸表等の重要性，及び他の監査人の品質管理の状況等に基づく信頼性の程度を勘案して，他の監査人の実施した監査の結果を利用する程度及び方法を決定しなければならない」と規定しています。

　その主旨は，他の監査人の監査結果や監査報告書を利用するか否か，そして，その利用の程度と方法は，他の監査人に監査された財務諸表または項目の重要性と他の監査人の品質管理などの信頼性の程度等を勘案して決定し，利用にあたっては，必要に応じて他の監査人に質問したり，監査手続の追加を要請したりするなどの措置をとることにあります。

　しかし，他の監査人の監査結果を利用した場合に，その旨は監査報告書の文言上には記載されません。わが国の法制上，監査の責任主体は主たる監査人のみで，他の監査人は存在しないし，また第三者に対して責任の分担があるというメッセージは無責任で，誤解を与えるおそれがあ

るという理由からです。

　したがって，新しい連結会計ではこれまで以上に子会社や関連会社の範囲が広まり，しかも所在地が世界各国に拡がっているので，他の監査人の監査結果の利用の問題は，監査人の責任上，一層，重要性を増してきました。

　いずれにせよ，連結監査では，監査人はリスク・アプローチ監査の基本であるリスク評価，とくに，統制リスクの評価を企業集団ベースの内部統制を対象としたものとすることなど，連結財務諸表を前提とした監査戦略の策定が求められているのです。そのためには，海外を含めた子会社の監査人との情報のネットワークの構築や品質管理のための常時的モニタリング体制が不可欠です（**図表9‒3**）。

図表9‒3　連結監査

3 継続企業（ゴーイング・コンサーン）の前提に関わる監査

　財務諸表が会計基準に準じて作成されていても，その企業が破綻するのであれば利用者には役立たないどころか，かえって有害です。そこで，財務諸表の開示規則は，企業に対して，継続企業（ゴーイング・コンサーン）の前提に関わるリスク情報の開示を求め，監査基準も，監査人に対して，その前提に関わるリスク情報の開示の適切性を評価することを求めています。その基準は，次のように，多方面にわたっています。

　まず，実施基準の一　基本原則，6で「監査人は，監査計画の策定及びこれに基づく監査の実施において，企業が将来にわたって事業活動を継続するとの前提（以下「継続企業の前提」という。）に基づき経営者が財務諸表を作成することが適切であるか否かを検討しなければならない」と規定し，二　監査計画の策定，7で「監査人は，監査計画の策定に当たって，財務指標の悪化の傾向，財政破綻の可能性その他継続企業の前提に重要な疑義を生じさせるような事象又は状況の有無を確かめなければならない」と規定しています。さらに，三　監査の実施，7では「監査人は，継続企業を前提として財務諸表を作成することの適切性に関して合理的な期間について経営者が行った評価を検討しなければならない」とし，また，同8で「監査人は，継続企業の前提に重要な疑義を生じさせるような事象又は状況が存在すると判断した場合には，当該事象又は状況に関して合理的な期間について経営者が行った評価及び対応策について検討した上で，なお継続企業の前提に関する重要な不確実性が認められるか否かを確かめなければならない」と規定しています。

　実務的には，監査計画の策定の段階で，監査人は，継続企業の前提に重要な疑義を生じさせる事象または状況が存在するかどうかについて検

討し，そのために，経営者，監査役会または監査役とのディスカッション，分析的手続，株主総会や取締役会議事録の閲覧，顧問弁護士への照会，財務的支援を行っている親会社等への照会などを行います。

そのうえで，重要な疑義を生じさせる事象や状況についての経営者の評価が適切であるかどうかを確かめ，当該事象や状況を解消または改善させる経営者の経営計画等の対応策の実効可能性について監査証拠を入手し，なおも継続性の前提に関する重要な不確実性が認められるか否かを確かめる，という手順で監査が行われます。

そして，これらの結果，監査人は，監査の最終段階において，経営者が継続企業の前提に基づき財務諸表を作成することが適切であるかどうかについて判断し，継続企業の前提に基づき財務諸表を作成することが適切であると判断した場合であっても，継続企業の前提に関する重要な不確実性が認められる場合には，疑義を生じさせる事象，または状況が存在する旨と内容，それらを解消または改善させる対応策，および重要な不確実性が認められる旨と理由についての注記の内容が適切であるかどうかについて検討することになります（**図表9-4**）。

なお，監査人は，継続企業の前提が成立していないことが一定の事実をもって明らかな場合（たとえば，法律上，一定の客観的基準で企業が解散を命じられる場合など）には，継続企業を前提として財務諸表を作成することは不適切であると判断しなければならないとしています。

監査人は，継続企業の前提に重要な疑義が認められる場合には，経営者が継続企業を前提に財務諸表を作成することは適切であると判断していること，継続企業の前提に重要な疑義を生じさせる事象または状況を識別している場合には経営計画等を含めその内容はすべて監査人に説明していること，さらに当該内容は財務諸表に適切に注記していること，財務諸表に注記した事象または状況を除き継続企業の前提に重要な疑義

図表9-4　継続企業の前提に関わる重要な疑義

財務諸表

*企業破綻の
リスク開示*

FOR
SALE

x　y　z

を生じさせる事象または状況はないと判断していること，監査人に提示
した経営計画等は実行可能であり，疑義を解消または緩和するよう努力
すること等を記述した経営者確認書（後述）を入手します。

4 監査の完了までの最後のプロセス

　監査を完了し，財務諸表の適否に関する監査意見を形成する前に，こ
れまでの監査手続では見落とされやすい事項について，追加した手順を

踏む必要があります。

　まず，偶発事象，とくに偶発債務（contingent liability）の問題があります。

　未決の訴訟や行政的裁定，係争中の法人税，製品保証や欠陥商品をめぐる補償，債務保証，買戻し約定付きの債権売却など，会計記録や財務諸表に記載されていなければ，これらの存在を知ることが困難になる場合が多いので，監査人は，①見落としがないかを，株主総会，取締役会，監査役会，常務会等の議事録を閲覧して企業の主要な取引の内容を確かめ，②各種の借入れやリースなどの契約書を査閲し，③銀行などの契約相手に確認し，④決算日以降に実際に発生したものや異常な取引がないかを主要な会計記録を査閲して確かめ，⑤係争中の事件については担当の弁護士から書面でもって確認し，⑥最終的に，財務諸表に反映されていない重要な偶発債務は存在しない旨の経営者確認書を得ることで対応します。

　次に，後発事象（subsequent event）の問題です。後発事象の監査についても偶発債務の監査と同じく，発生しても会計処理されていない場合や財務諸表に開示されていない場合も多く，監査上の困難さがつきまといます。

　監査手続としては，①後発事象の把握に関する十分性を確保する内部統制の存在を評価し，②重要な後発事象の有無，ならびに貸借対照表日以降の財務諸表項目の大きな変動の有無や異常な取引や修正処理事項の有無を経営者に質問し，また，③実際に会計記録を査閲して後発事象の有無を確かめ，④株主総会，取締役会，監査役会，常務会等の議事録を閲覧し，⑤行政的な裁定や係争中の事件については担当の弁護士に確認し，⑥最終的に，財務諸表に反映されていない重要な後発事象は存在しない旨の経営者確認書を得ることで対応することになります。

　これらの手順を踏んだうえで，最後に，分析的手続を実施して，財務
諸表の主要な項目について得られた結論に大きな食い違いがないか，ま
た財務諸表の全体的な表示が合理的かを確かめます。

　具体的には，被監査企業とそれが属する産業界とのデータ比較，前年
度実績値と監査人自身が監査の結果として確かめた財務諸表項目の実績
値との比較，非財務データと被監査企業の財務データとの比較などを通
して，たとえば各種の回転率，利益率などの分析事項について実施し，
とくに目立った食い違いや不合理さはないか，あるいは固有リスクや統
制リスクに起因する重要な虚偽表示の可能性を指し示す兆候はないかを
評価します。これは，「木を見て，森を見ず」といったことがないかを，
最後に，確かめるための手続です。

5 経営者確認書の入手

　監査の最終局面で，偶発事象や後発事象の有無，継続企業の前提に関
する情報提供と経営者の評価といった事項について経営者から確認書を
入手することを述べましたが，ほかにも，財務諸表の作成責任は経営者
にある旨，財務諸表は一般に公正妥当と認められる企業会計の基準に準
拠して適正に作成している旨，監査人から要請のあった全ての資料は監
査人に提供した旨など，多くの事項で，経営者確認書（management
representation）を入手します。

　これは，経営者への質問に対する文書での回答という理解もできます
し，また，経営者が財務諸表の作成に関する自己の責任を宣言し，その
うえで，監査人が会計監査の業務を行って二重責任の関係を明らかにす
る文書という理解もできます。

もし，監査人が必要と認めて経営者確認書への記載を求めた事項の全部または一部について，経営者が確認を拒否した場合には監査範囲の制約となり，監査人は意見を限定するか，または意見を表明しないことを検討することになります。

　監査人は，監査報告書の作成にあたり，もし，確認を拒否された事項の影響が重要で，監査の過程で監査人が行った他の質問に対する経営者による回答の信頼性に影響を与えることになり，しかも，経営者が確認を拒否した事項が財務諸表監査の前提となるような事項（たとえば，財務諸表の作成責任は経営者にある旨とか，監査人から要請のあったすべての資料は監査人に提供した旨など）である場合には，原則として監査人は意見を表明してはならない，とされています。

6 監査調書の査閲と品質管理

　監査人は，監査の過程，実施した監査手続，入手した監査証拠とその評価，結果としての監査判断を，一般には電子媒体の文書として残します。これを監査調書といいますが，監査の終了時点で監査責任者が監査調書を査閲することは，監査業務の品質の管理のために不可欠の手続であるとされます。

　品質管理は，監査事務所レベルの品質管理と個々の監査業務レベルの品質管理の2つに分けられますが，ここでの監査調書の査閲は基本的には個々の監査業務に関する品質管理の一環です。

　監査調書の査閲の視点は，監査計画書において指示されたすべての監査手続が完了しているかどうか，監査手続の実施の結果，発見した会計・監査上の問題点が適切に把握されているかどうか，監査の実施過程

と結論に関する監査調書が十分かどうか，監査人の判断は適切かどうか，当初の監査計画の修正が必要かどうか，達成目標である監査リスクの水準を達成しているかどうか，といった点です。

　もし，査閲を通して監査業務が不十分であることが判明した場合は，必要な追加的監査手続の実施を指示することになります。

7　監査意見表明のための審査

　監査調書の査閲は，同じ監査業務に関わる責任者が部下の業務内容を吟味するために行うものですから，遠慮やかばい合いにより，見過ごしや過誤や，ときには隠蔽(いんぺい)さえも生じえます。また，責任を有する監査人が最終的に意見を形成したとしても，それが監査人本人の資質や能力に影響され，間違った判断をする場合もありますし，結論が意図的に歪められるおそれもあります。

　そこで，監査基準の報告基準，一　基本原則，5は「監査人は，意見の表明に先立ち，自らの意見が一般に公正妥当と認められる監査の基準に準拠して適切に形成されていることを確かめるため，意見表明に関する審査を受けなければならない。この審査は，品質管理の方針及び手続に従った適切なものでなければならない。品質管理の方針及び手続において，意見が適切に形成されていることを確認できる他の方法が定められている場合には，この限りではない」と規定しています。これを意見審査といいますが，監査事務所内部での品質管理の仕組みの1つです。

　品質管理基準によれば，審査担当者は，同じ監査事務所内部で，審査の対象となる監査業務に従事しない者で，かつ監査責任者と同程度以上の専門的能力と実務経験を有する者であることが必要です。

また，個々の監査業務に関して，監査責任者は，監査意見の表明に先立ち，会計・監査上の重要な問題に対する判断や処理が適切であること，さらに監査意見が監査の基準および監査事務所の規程に準拠して適切に形成されていることを確かめるため，監査計画書，検出事項の要約，財務諸表，監査報告書などを資料にして，監査意見表明のための審査を受けることにしています。

　ただ，このような品質管理の仕組みは，個人あるいは中小監査法人などの監査事務所では採用できませんので，日本公認会計士協会は，他の監査事務所に審査を委託することを勧めたり，同協会の品質管理レビュー制度を充実したりすることで品質の向上を図ろうとしています。

　また，監査業務も多様化しているなかで，たとえば中小企業等に対する監査業務においても大企業に対する監査業務の場合と同じ厳しい審査が必要であるか疑問であるとの意見もあり，審査に相当するものがあれば審査を省くことができる旨も監査基準に明記されました。

　最終的な意見形成と監査報告書の作成の問題については，後の章で説明しましょう。

第10章

会計監査と不正への対応

本 章 の 要 点

① 不正を原因とする財務諸表上の重要な虚偽表示に対する会計監査の発見機能の向上が求められてきました。

② 現行の監査基準でも，この機能は会計監査の中枢的な機能として位置付けられていますが，「不正リスク対応基準」が新たに設定されました。

③ 「不正リスク対応基準」は，不正による重要な虚偽表示のリスク（不正リスク）に対応した監査手続を明確化するとの観点から基準化されたものです。

④ とはいえ，監査人が行う監査基準に基づく通常の会計監査の過程で不正による重要な虚偽表示を示唆する状況がある場合に，本基準が適用されるという位置付けです。

⑤ 不正リスク対応基準は，(1)職業的懐疑心の強調，(2)不正リスクに対応した監査の実施，および(3)不正リスクに対応した監査事務所の品質管理という3つの内容から構成されます。

1 不正への対応

　経営者，従業員，さらには取引相手等の第三者を巻き込んだ不正が発生する原因は様々です。経営者が株価の維持，配当金の支払い，脱税，銀行融資の継続，取引相手との有利な契約の締結などを目的に虚偽の会計記録や財務諸表を作成したり，従業員が自分の着服を隠すために会計記録を改ざんしたりするというのが一般的な動機です。

　企業の不正に対しては，監査人も，長い間，悩み続けてきました。不正が明らかになるたびに，監査人は本当にその不正を発見できなかったのか，実際は発見できたはずなのに，それを怠っていたのではないか，あるいは発見した不正を，企業の経営者と共謀して隠していたのではないかといった疑問や批判を，社会から受けてきたからです。

　このような社会の疑問や批判に対して，監査人は，第1章で述べたような，会計監査の機能的な限界を一般の人々に理解してもらおうと，様々な機会を利用して説明に努めるのですが，大きな粉飾事件などが発生するたびに，会計監査に対する疑問や批判がわき上がるというのが実情です。

　とりわけ，大企業の財務諸表上の巨額の粉飾が発覚すると，とくにその企業の証券投資家にとっては自分が所有する株式等が価格を落とし，深刻な経済的被害を受けることになるのですが，証券市場全体に対する影響も甚大で，しかも，一国の市場だけでなく，全世界の金融市場に影響が及ぶことになります。そのために，各国の金融規制機関や国際的な金融監視機関も，会計監査の不正発見の機能向上に大きな関心を寄せ，また実際に機能向上を求めるようになってきました。

2 不正と監査基準

　このような，不正に対する会計監査の機能向上の要望を受けて，監査基準でも，かなり踏み込んだ規定をおいています。本書でも，すでに述べているのですが，改めて，ここでまとめておきます。

　まず，「監査の目的」の項で，「財務諸表の表示が適正である旨の監査人の意見は，財務諸表には，全体として重要な虚偽の表示がないということについて，合理的な保証を得たとの監査人の判断を含んでいる」として，財務諸表に対する監査人の適正意見には重要な虚偽の表示がないことについて合理的な証拠を得ていることを明示しました。このことは，

図表10-1　監査基準（実施基準）の不正による重要な虚偽表示への対応

監査人は，監査リスクを合理的に低い水準に抑えるために，財務諸表における重要な虚偽表示のリスクを評価し，発見リスクの水準を決定するとともに，監査上の重要性を勘案して監査計画を策定し，これに基づき監査を実施（実施基準，一　基本原則，1）

内部統制を含む企業および企業環境の理解と，内在する事業上のリスク等の重要な虚偽表示の可能性を考慮（実施基準，一　基本原則，2）

監査証拠の入手に当たっては，財務諸表における重要な虚偽表示のリスクを暫定的に評価し，リスクに対応した監査手続を実施（実施基準，一　基本原則，4）

職業的専門家としての懐疑心をもって，不正および誤謬により財務諸表に重要な虚偽の表示がもたらされる可能性に関して評価を行い，その結果を監査計画に反映（実施基準，一　基本原則，5）

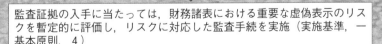

不正に対して，監査人は監査基準に基づいた合理的な範囲で責任を負うことを意味します。

　そのうえで，さらに「第二　一般基準」の４で，「監査人は，財務諸表の利用者に対する不正な報告あるいは資産の流用の隠蔽を目的とした重要な虚偽の表示が，財務諸表に含まれる可能性を考慮しなければならない。また，違法行為が財務諸表に重要な影響を及ぼす場合があることにも留意しなければならない」と規定し，現実の会計監査の実務のなかでも，不正の存在の有無について注意義務を負うことを明示しています。

　これらの監査基準の規定は，さらに「第三　実施基準」において，実務上の基本的な原則を引き出しています。それをまとめると，**図表10－1**のようになります。

3 不正に対する監査計画と監査の実施

　これらの規定を受けて，さらに監査基準は監査実務に直結する具体的な規定をおきます。

　まず，監査計画の策定にあたり，監査人は，企業および企業環境に内在する事業上のリスク等がもたらす財務諸表における重要な虚偽表示のリスクを暫定的に評価することを求め，そのために景気の動向，企業が属する産業の状況，企業の事業内容や組織，経営者の経営理念，経営方針，内部統制の整備状況，情報技術の利用状況，その他企業の経営活動に関わる情報を入手する必要があるとしています。

　監査人は，監査計画に基づいて監査手続を適用し，監査証拠が集まるなかで，暫定的に評価した重要な虚偽表示のリスクを改める必要がないと判断すれば，当初の監査計画通りに監査を進めていきますが，重要な

虚偽表示のリスクの程度が暫定的な評価よりも高いと判断すれば，発見リスクの水準を低くするために，監査計画を修正することになります。

　また，監査人は，広く財務諸表全体に関係し特定の財務諸表項目のみに関連付けられない重要な虚偽表示のリスクがあると判断した場合には，そのリスクの程度に応じて，補助者の増員，専門家の配置，適切な監査時間の確保等の全般的な対応を監査計画に反映させなければならないとも規定し，「木を見て，森を見ず」的な事態を回避することも求めています。このような事態は，監査の途中でも新たに発見することがあり，その場合，当初の監査計画の修正と，全般的な対応の速やかな見直しが必要だとしています。

　さらに，監査人は，各財務諸表項目に関連して暫定的に評価した重要な虚偽表示のリスクに対応して，内部統制の運用状況の評価手続ならびに発見リスクの水準に応じた実証手続に係る監査計画を策定し，実施すべき監査手続，実施の時期および範囲を決定しなければならないのですが，特定の監査要点について内部統制が存在しないとか，有効に機能していないと判断した場合は，実証手続でもって監査要点の立証が求められます。

　また，監査人は，会計上の見積りや収益認識等の判断に関して財務諸表に重要な虚偽表示をもたらす可能性のある事項，不正の疑いのある取引，特異な取引等，特別な検討を必要とするリスクがあると判断した場合には，そのリスクに対応する監査手続に係る監査計画を策定し，実証手続を実施し，重要な虚偽表示がないかを確かめなければならないとしていますが，これは，虚偽表示に結びつく可能性のある事態に対して，より入念な監査を求めています。

　なお，監査人は，監査の実施において不正や誤謬を発見した場合には，経営者等に報告して適切な対応を求めるとともに，適宜，監査手続を追

加して十分かつ適切な監査証拠を入手し，その不正や誤謬が財務諸表に
与える影響を評価しなければなりません。

　以上のように，監査基準は，不正に対して重層的な規定を設け，また
監査基準を受けて，日本公認会計士協会の実務指針などでも，より実務
的かつ詳細な対応を，監査人としての監査法人や公認会計士に指示して
いるのです。

4 不正リスク対応基準の背景と性格

　不正に対して十分な規定を設けていると思われる監査基準ですが，監
査人が経営者の不正による重要な虚偽表示を見逃し，結果として，その
企業に対する投資家の損害を招くだけでなく，わが国の証券市場の信用
を落とすような事件が相次いで発生しました。

　とくに，世界的に有名な精密機器メーカーの不正事件は，経営者ら，
経営の中枢にいる人物が不正に深く関わり，隠蔽の指揮をとったために，
長年，監査に携わってきた監査人が不正の実態を突き止められなかった
のです。

　この事件の衝撃は大きく，資本市場の規制当局は，日本の資本市場の
信用失墜のおそれに危機感を抱きましたし，産業界でも，日本の企業の
ディスクロージャーの信頼性やコーポレート・ガバナンスの質に対する
信用を失えば，国際的な取引や資本調達に悪影響が出ます。また，日本
公認会計士協会も，会計監査業界の信用の根幹に関わることだけに，対
策に追われました。

　このような動きを背景として，企業会計審議会において，従来の監査
基準を基礎にしたうえで，不正対応に，より踏み込んだ基準設定の必要

性が議論されました。その結果，設定されたのが，「監査における不正リスク対応基準」（以下，「不正リスク対応基準」）です。

　不正リスク対応基準の策定にあたっては，不正が他者を欺く行為を伴う意図的な行為であることから，監査人にとって，不正による重要な虚偽の表示を発見できない可能性がより高くなり，しかも，経営者により不正が行われる場合には，内部統制が無効化される場合が多いために，監査人が重要な虚偽の表示を発見できない可能性が，一層，高いものと認識すべきとしています。

　また，現行の監査基準では，不正による重要な虚偽の表示を示唆する状況等があるような場合に，どのように対応すべきかが必ずしも明確でなく，実務にばらつきが生じているという指摘や，そうした状況等がある時に，上記のような不正の特徴から，監査手続をより慎重に行うべきであるとの指摘があったとされます。

　こうしたことから，不正リスク対応基準は，不正による重要な虚偽表示のリスクに対応した監査手続を明確化するとともに，一定の場合には監査手続をより慎重に実施することを求めるとの観点から基準化したものです。

　本基準の基礎となる考え方は，**図表10 - 2**にあるとおりです。

　要するに，監査人には，監査基準に基づく通常の会計監査を求め，監査の過程で不正による重要な虚偽表示を示唆する状況がある場合に本基準が適用されるという位置付けです。

　とはいえ，本基準は，不正リスクの要因や不正リスクによる重要な虚偽表示を示唆する状況を具体的にあげ，そのうえで，不正リスクを織り込んだ監査計画を立て，また重要な虚偽表示を示唆する場合の監査手続や監査人の対応，品質管理での対応，被監査企業の監査役等との連携，経営者の関与が疑われる場合の対処など，かなり詳細な手続を盛り込ん

図表10-2　不正リスク対応基準の性格

(1)　重要な虚偽表示の原因となる不正への対応を扱う。
(2)　財務諸表監査の目的を変えるものではなく，不正による重要な虚偽表示のリスク（以下「不正リスク」）に対応する監査手続等を規定する。
(3)　不正による重要な虚偽表示を示唆する状況がある場合の追加の監査手続と監査人の対応の明確化を図った。
(4)　二重責任の原則のもと，経営者の作成した財務諸表に重要な虚偽表示がないことについて，職業的専門家としての正当な注意を払って監査を行った場合には，監査人としてはその責任を果たしたことになる。

でいるので，通常の会計監査の手続に追加の手続が加わることは避けられないでしょう。

5　不正リスク対応基準の内容

　まず，不正リスク対応基準は，(1)職業的懐疑心の強調，(2)不正リスクに対応した監査の実施，および(3)不正リスクに対応した監査事務所の品質管理という3つの内容から構成されますが，(1)と(2)については，その構成を図表10-3にまとめました。
　不正リスクに対応した監査事務所の品質管理についても，多くの不正の事例で，監査事務所内部での不正に対応した品質管理の方針や手続や管理責任者が不明確だったり，監査契約締結や更新時の不正リスクの評価が行われていなかったり，不正に対応した教育や訓練が行われていなかったり，不正に対応した監督や査閲の体制が不十分だったりと，様々な問題点が浮かび上がりました。
　そのために，不正リスク対応基準においては，これらの品質管理上の

> **図表10-3　不正リスク対応基準の内容**
>
> (1)　**職業的懐疑心の強調**：不正が他者を欺く行為であることから，不正を発見できないリスクは高くなる。そのために，監査人が不正に対応するには，監査の全過程を通して職業的懐疑心を保持しながら，不正リスクを評価し，識別した不正リスクに対して監査手続を実施する必要がある。監査人は，重要な虚偽表示を示唆する状況を看過することなく，そのような状況を把握したら，職業的懐疑心をもって監査証拠を評価し，疑義を明らかにするための監査手続を実施しなければならない。

> (2)　**不正リスクに対応した監査の実施**：財務諸表項目レベル，あるいは財務諸表全体に係る不正リスク要因（不正を引き起こす経営者等の動機，プレッシャー，機会，経営理念や倫理等の姿勢など）を検討し，不正リスクを評価し，識別したら，対応する監査手続を監査計画に反映する。

> 監査計画にしたがって不正リスクに対応する監査手続を実施する。入手する監査証拠も，不正リスクがない場合よりも，より適合力が高く，より証明力が強く，かつより多くの監査証拠を得る必要がある。抜き打ち監査など，企業が想定しないタイミングや手法で監査手続を実施したり，追加の監査手続を実施したりすることも検討する。

> 重要な虚偽表示を示唆する状況（企業内外からの通報，不適切な売上やオフバランス取引や合理性に欠く取引等の通例ではない取引，文書の変造，偽造，隠蔽の可能性，期末近くの重要な取引の未記録や不適切な記録，通例でない修正，記録間の不一致，会計方針の不合理，あるいは頻繁な変更等の存在，確認結果の重要な差異，経営者による監査への妨害や干渉等）があれば，経営者に説明を求め，当初の監査計画に基づく監査手続を修正したり，追加したりして実施し，重要な虚偽表示を示唆する状況に関連する監査要点について十分かつ適切な監査証拠を入手する必要がある。

（次ページに続く）

経営者の説明に合理性がないと判断した場合や，識別した不正リスクに
対応して追加的な監査手続を実施してもなお十分かつ適切な監査証拠を
入手できない場合には，不正による重要な虚偽表示の疑義がより強くな
る。逆に，追加的な監査手続の実施の結果，不正による重要な虚偽表示
の疑義がないと判断した場合には，その旨と理由を監査調書に記載しな
ければならない。

不正による重要な虚偽の表示の疑義があると判断した場合には，想定さ
れる不正の態様等に直接対応した監査手続を立案し監査計画を修正する
とともに，修正した監査計画にしたがって監査手続を実施する必要があ
る。この場合，監査事務所として監査意見を形成するにあたり，より慎
重な審査を行い，適切な審査の終了までは意見の表明ができない。また，
経営者の関与が疑われる不正を発見した場合には，取締役の職務の
執行を監査する監査役や監査委員会と適切に協議する等，連携を図ると
同時に，経営者等に問題点の是正等の適切な措置を求め，当該不正が財
務諸表に与える影響を評価する。

不正による財務諸表の重要な虚偽表示の疑義があると判断した場合，当
該疑義の内容，実施した監査手続とその結果，監査人としての結論およ
びその際になされた職業的専門家としての重要な判断について，監査調
書に記載しなければならない。

改善点がより明確に規定されました。さらに，重要な虚偽表示の疑義が
ある場合の監査事務所内の審査体制の充実，監査責任者の交代に伴う引
継ぎ時の情報伝達，監査事務所間の引継ぎ時の情報伝達や監査調書の閲
覧や問い合わせへの応答，監査事務所内での不正リスクへの対応状況の
定期的な検証など，第16章で述べる品質管理基準に多くの規定が盛り込
まれました。

　いずれにせよ，不正リスク対応基準が，今後，会計監査の実務にもた
らす影響は大きいものと予想されます。

第11章

監査意見と監査報告書

本 章 の 要 点

① 会計監査の結論を監査意見といいますが，意見とする理由は，監査対象の財務諸表の性格と監査手続上の制約にあります。しかし，意見という性格であるために，監査が職業として成り立つのです。

② 監査報告書の記載事項の構成は，順に監査意見，監査意見の根拠，監査上の主要な検討事項，財務諸表に対する経営者等の責任，監査人の責任，利害関係の有無に関する記載事項からなります。

③ 監査報告書の基本的な役割としては，監査済み財務諸表に対して利用者が信頼性を寄せる役割と監査人自らの責任を表明する役割がありますが，さらに，監査人による情報提供という役割が強調されようとしています。

④ 監査人が監査対象の財務諸表に対する適正表示の意見を表明するとき，会計基準への単純な準拠性を根拠とするべきという見解と，監査人が独自の判断で適正表示の意見を形成すべきという見解に分かれます。

⑤ 監査基準は，会計基準への準拠性を適正表示の意見の根拠とする立場をとりますが，その弱点を補うために，実質判断を要求しています。

155

1 監査意見

　会計監査の結論を監査意見（auditor's opinion）といいます。監査意見は文書化され，監査報告書（auditor's report）として依頼人に渡され，また，一般に開示される財務諸表に添付されて，これが財務諸表に対する利用者の信頼の拠り所となります。

　では，監査人の結論はなぜ「意見」なのでしょう。

　それは，第1章で述べた会計監査の限界に理由があります。

　まず，監査対象である財務諸表には，経営者の判断の要素を多く含み，また，会計基準もすべての会計事象にピッタリと合うルール集のような規則や手続集の形をとりえませんので，監査人の結論も，絶対的な保証とはなりえません。ただし，意見とはいえ，それは会計監査の専門家として，適切な技術と専門知識を駆使し，十分かつ適切な監査証拠をもとにして形成した合理的な根拠を持った意見ですから，単なる「印象」とか「個人的見解」といった類のものではありません。

　また，監査人は企業取引や意思決定の現場に立ち会えず，監査証拠も会計記録や裏付け資料といった間接的な根拠しか得ることができませんし，企業側の内部統制を評価したうえで，試査ベースの抜き取り検査を主体とした監査手続に依拠しますから，監査人は自らの結論を，確信的というよりは，合理的なものと位置付けうるにすぎません。

　ただ，意見という性格により，監査人が，財務諸表上の虚偽表示を承知のうえで嘘の監査報告書を公表するか，あるいは監査実施上，または判断上の過失を原因として，結果的に虚偽の監査報告書を公表する場合以外は責任を問われることはないので，これが会計監査を専門職業として成り立たせる重要な要素となるのです。

　なお，「証明」という用語が金融商品取引法で用いられていますが，同法が「意見」という性格を否定しているわけではありません。

2　監査報告書の構成

　図表11-1は，日本公認会計士協会が定める監査報告書の標準的な記載事項と構成です（一部，筆者が修正）。

　監査報告書には，監査意見の前に，宛名（通常は被監査会社名と代表者），監査報告書作成日（監査責任判定の基準日となる），監査人の所属（監査法人名と住所など）と関与した代表社員（指定社員）の自署名となつ印を記載します。

　そのうえで，監査人は，監査報告書において，監査人の意見，意見の根拠，経営者および監査役等の責任，監査人の責任を明瞭かつ簡潔にそれぞれを区分したうえで記載しなければなりません。

　図表11-1のような，監査報告書の構成は，金融商品取引法監査の場合に限らず，多くの監査報告書に共通したものとなるように法律や規則の改正も進められています。

　このような，短い文章で書かれる監査報告書を，一般に，短文式監査報告書と呼び，主として，金融商品取引法監査とか会社法監査といった，法律で要求される監査で使われます。

　このような短文式の監査報告書でも用を足せるのは，行うべき監査実務や判断の要件が法律や監査基準等で明記され，あるいは監査慣行のなかで定着し，したがって，それらの内容を監査報告書のなかであらためて書き記す必要がないと考えられているからです。

　逆に，任意の契約に基づく会計監査では，監査の方法や範囲や指摘す

独立監査人の監査報告書の標準的な記載事項と構成

独立監査人の監査報告書

［宛先］

［監査報告書の日付］
［○○監査法人］
［監査人の署名］

【監査意見】

　当監査法人は，○○株式会社の×年×月×日から×年×月×日までの事業年度の財務諸表，すなわち貸借対照表，損益計算書，株主資本等変動計算書，キャッシュ・フロー計算書及び重要な会計方針を含む財務諸表の注記について監査を行った。当監査法人は，上記の財務諸表が，我が国において一般に公正妥当と認められる企業会計の基準に準拠して，○○株式会社の×年×月×日現在の財政状態並びに同日をもって終了する事業年度の経営成績及びキャッシュ・フローの状況を，すべての重要な点において適正に表示しているものと認める。

【監査意見の根拠】

　当監査法人は，我が国において一般に公正妥当と認められる監査の基準に準拠して監査を行った。監査の基準における当監査法人の責任は，「財務諸表監査における監査人の責任」に記載されている。当監査法人は，我が国における職業倫理に関する規定に従って，会社から独立しており，また，監査人としてのその他の倫理上の責任を果たしている。当監査法人は，意見表明の基礎となる十分かつ適切な監査証拠を入手したと判断している。

【継続企業の前提に関する事項】（後述）

【監査上の主要な検討事項】（後述）

【その他の記載内容】（後述）

【追記情報】（後述）

【財務諸表に対する経営者並びに監査役及び監査役会の責任】

　経営者の責任は，我が国において一般に公正妥当と認められる企業会計の基準に準拠して財務諸表を作成し適正に表示することにある。これには，不正又は誤謬による重要な虚偽表示のない財務諸表を作成し適正に表示するために経営者が必要と判断した内部統制を整備及び運用することが含まれる。財務諸表を作成するに当たり，経営者は，継続企業の前提に基づき財務諸表を作成することが適切であるかどうかを評価し，我が国において一般に公正妥当と認められる企業会計の基準に基づいて継続企業に関する事項を開示する必要がある場合には当該事項を開示する責任がある。監査役及び監査役会の責任は，財務報告プロセスの整備及び運用における取締役の職務の執行を監視することにある。

【財務諸表監査における監査人の責任】

　監査人の責任は，監査人が実施した監査に基づいて，全体としての財務諸表に不正又は誤謬による重要な虚偽表示がないかどうかについて合理的な保証を得て，監査報告書において独立の立場から財務諸表に対する意見を表明することにある。虚偽表示は，不正又は誤謬により発生する可能性があり，個別に又は集計すると，財務諸表の利用者の意思決定に影響を与えると合理的に見込まれる場合に，重要

性があると判断される。監査人は，我が国において一般に公正妥当と認められる監査の基準に従って，監査の過程を通じて，職業的専門家としての判断を行い，職業的懐疑心を保持して以下を実施する。

- 不正又は誤謬による重要な虚偽表示リスクを識別し，評価する。また，重要な虚偽表示リスクに対応した監査手続を立案し，実施する。監査手続の選択及び適用は監査人の判断による。さらに，意見表明の基礎となる十分かつ適切な監査証拠を入手する。
- 財務諸表監査の目的は，内部統制の有効性について意見表明するためのものではないが，監査人は，リスク評価の実施に際して，状況に応じた適切な監査手続を立案するために，監査に関連する内部統制を検討する。
- 経営者が採用した会計方針及びその適用方法の適切性，並びに経営者によって行われた会計上の見積りの合理性及び関連する注記事項の妥当性を評価する。
- 経営者が継続企業を前提として財務諸表を作成することが適切であるかどうか，また，入手した監査証拠に基づき，継続企業の前提に重要な疑義を生じさせるような事象又は状況に関して重要な不確実性が認められるかどうか結論付ける。継続企業の前提に関する重要な不確実性が認められる場合は，監査報告書において財務諸表の注記事項に注意を喚起すること，又は重要な不確実性に関する財務諸表の注記事項が適切でない場合は，財務諸表に対して除外事項付意見を表明することが求められている。監査人の結論は，監査報告書日までに入手した監査証拠に基づいているが，将来の事象や状況により，企業は継続企業として存続できなくなる可能性がある。
- 財務諸表の表示及び注記事項が，我が国において一般に公正妥当と認められる企業会計の基準に準拠しているかどうかとともに，関連する注記事項を含めた財務諸表の表示，構成及び内容，並びに財務諸表が基礎となる取引や会計事象を適正に表示しているかどうかを評価する。

監査人は，監査役及び監査役会に対して，計画した監査の範囲とその実施時期，監査の実施過程で識別した内部統制の重要な不備を含む監査上の重要な発見事項，及び監査の基準で求められているその他の事項について報告を行う。監査人は，監査役及び監査役会に対して，独立性についての我が国における職業倫理に関する規定を遵守したこと，並びに監査人の独立性に影響を与えると合理的に考えられる事項，及び阻害要因を除去又は軽減するためにセーフガードを講じている場合はその内容について報告を行う。

監査人は，監査役及び監査役会と協議した事項のうち，当事業年度の財務諸表の監査で特に重要であると判断した事項を監査上の主要な検討事項と決定し，監査報告書において記載する。ただし，法令等により当該事項の公表が禁止されている場合や，極めて限定的ではあるが，監査報告書において報告することにより生じる不利益が公共の利益を上回ると合理的に見込まれるため，監査人が報告すべきでないと判断した場合は，当該事項を記載しない。

【利害関係】

会社と当監査法人又は業務執行社員との間には，公認会計士法の規定により記載すべき利害関係はない。

以　　上

べき事項が契約により個々に決められ，それらが細かく列挙されるために，バラエティーに富んだ長文の書式となる場合があります。

3 監査報告書の記載事項

(1) 無限定適正意見報告書

監査意見は，監査対象とした財務諸表の範囲，および経営者の作成した財務諸表が，わが国において一般に公正妥当と認められる企業会計の基準に準拠して，企業の財政状態，経営成績およびキャッシュ・フローの状況を全ての重要な点において適正に表示していると認められることを記載します。なお，**図表11-1**は監査対象の財務諸表に特段の問題点が見出せなかった場合の標準的な文例で，無限定適正意見報告書といいます。

無限定適正意見とは，監査対象の財務諸表における不適正事項や監査の実施上の制約などの限定がないことを意味しますが，これらの問題点が存在する場合の監査意見については，次の章で述べます。

次に，監査意見の根拠としては，一般に公正妥当と認められる監査の基準に準拠して監査を行ったこと，監査の結果として入手した監査証拠が意見表明の基礎を与える十分かつ適切なものであることを記載します。

また，監査人は，継続企業を前提として財務諸表を作成することが適切であるが，継続企業の前提に関する重要な不確実性が認められる場合において，継続企業の前提に関する事項が財務諸表に適切に記載されていると判断して無限定適正意見を表明するときには，継続企業の前提に関する事項について監査報告書に記載しなければならないとされています。なお，これについても，詳しくは次の章で述べます。

⑵　**監査の透明化と情報提供**

監査人の意見を書式化した監査報告書は，監査済みの財務諸表に添付されて，財務諸表の利用者の信頼の根拠としての役割を果たします。反対に，誤った意見を報告し，それが原因で利用者に損害を与えれば，監査人は虚偽の報告を行ったことを理由に，経済的あるいは法的な制裁を科されます。

つまり，監査報告書には，監査済み財務諸表に対して利用者が信頼性を寄せる根拠となるという役割と監査人自らの責任を表明する役割とがあるのです。

そこで，近年，財務諸表の利用者が，唯一，企業情報に第三者として直接に接触しうる監査人に，利用者にとって有用あるいは注意すべき情報を提供するよう求めるようになってきました。さらに，監査業務そのものについてもっと詳しく説明し，監査内容に関する透明性を高めて欲しいという利用者の要望も増してきました。

また，監査人側からの事情としては，監査人の法的責任あるいは経済的な賠償責任が重くなるにつれて，監査意見だけでは不十分と思われる説明的な事項や財務諸表の利用者に注意を促したい事項を，監査意見とは別の形で記載したいという要望もあります。

このような点を検討した結果，新しい監査基準では，監査報告書に，監査人の情報提供機能の拡大という観点から「監査上の主要な検討事項」，「その他の記載内容」および「追記情報」，責任の明示という観点から「財務諸表に対する経営者および監査役等の責任」と「財務諸表監査に対する監査人の責任」という記載区分を設けています。

⑶　**監査上の主要な検討事項**

監査人は，監査の過程で監査役等と協議した事項の中からとくに注意

を払った事項を決定したうえで，その中からさらに，当年度の財務諸表の監査において，職業的専門家としてとくに重要であると判断した事項を**監査上の主要な検討事項**として決定しなければならない，とされています。

　これは，従来の監査報告書が監査人の意見を簡潔明瞭に記載するだけで，監査意見に至る監査のプロセスに関する情報が十分に提供されず，監査の内容が見えにくいとの指摘がされてきたことを受けて，財務諸表の利用者に対し，監査人が実施した監査の内容に関する情報を提供するものです。

　とくに，監査人は，監査の過程で監査役等と協議した事項の中から，特別な検討を必要とするリスクが識別された事項，または重要な虚偽表示のリスクが高いと評価された事項，見積りの不確実性が高いと識別された事項を含め，経営者の重要な判断を伴う事項に対する監査人の判断の程度，当年度において発生した重要な事象または取引が監査に与える影響等について考慮したうえでとくに注意を払った事項を決定し，その中からさらに，当年度の財務諸表の監査において，職業的専門家としてとくに重要であると判断した事項を絞り込み，監査上の主要な検討事項として決定することとなります。

　そして，監査人は，監査上の主要な検討事項として決定した事項について，関連する財務諸表における開示がある場合には当該開示への参照を付したうえで，監査上の主要な検討事項の内容，監査人が監査上の主要な検討事項であると決定した理由および監査における監査人の対応を監査報告書に記載しなければなりません。

⑷　その他の記載内容

　近年，企業内容等に関する情報の開示のなかで，経営者は，業績の説

明とか将来の事業の見通し，さらには事業上のリスクなど，財務諸表以外の情報開示の充実を図るようになってきました。そして，今後も，この傾向は，より一層，強くなるものと思われます。ところが，それらの情報のなかには，監査人が監査した財務情報とは，明らかに食い違う情報が使われ，投資家らが判断を迷ったり，明らかにその判断を誤らせたりするようなものもあります。

　そこで，監査基準は，監査した財務諸表を含む開示書類のうち，その財務諸表と監査報告書を除いた部分の記載内容を「その他の記載内容」と定義し，以下のように，監査人の手続を明確にするとともに，監査報告書に必要な記載を求めることにしました。

① 　監査人は，その他の記載内容を通読し，当該その他の記載内容と財務諸表または監査人が監査の過程で得た知識との間に重要な相違があるかどうかについて検討しなければならない。また，監査人は，通読および検討に当たって，財務諸表や監査の過程で得た知識に関連しないその他の記載内容についても，重要な誤りの兆候に注意を払わなければならない。

② 　監査人は，その他の記載内容に関して，その範囲，経営者および監査役等の責任，監査人は意見を表明するものではない旨，監査人の責任および報告すべき事項の有無ならびに報告すべき事項がある場合はその内容を監査報告書に記載しなければならない。ただし，財務諸表に対する意見を表明しない場合には記載しないものとする。

　ここで，注意しなければならないことは，監査人が問題とする「その他の記載内容」は，あくまでも監査した財務諸表を含む開示書類の内部での記載内容であり，他の情報媒体で企業が発する情報は含みません。また，監査人は「その他の記載内容」に対して意見を表明するものでは

なく，監査意見とは明確に区別された情報の提供であるという点も重要です。監査人は，「その他の記載内容」について，財務諸表または監査人が監査の過程で得た知識との間に重要な相違があるかどうかについて検討し，その結果を監査報告書に記載することで，監査人の役割の明確化を図るとともに，監査の対象とした財務諸表の信頼性を確保するという効果も期待されます。

　なお，監査人は，「その他の記載内容」の通読および検討にあたって，財務諸表や監査の過程で得た知識に関連しない内容についても，重要な誤りの兆候に注意を払うこととなります。その結果，監査人が，財務諸表や監査報告書との重要な相違に気付いた場合や，財務諸表や監査の過程で得た知識に関連しない「その他の記載内容」についての重要な誤りに気付いた場合には，経営者や監査役等と協議を行うなど，追加の手続を実施することが求められます。「その他の記載内容」に重要な誤りがある場合において，これらの追加の手続を実施しても当該重要な誤りが解消されない場合には，監査報告書にその旨およびその内容を記載するなどの適切な対応が求められます。

　経営者は，「その他の記載内容」に重要な相違または重要な誤りがある場合には，適切に修正することなどが求められ，また，監査役等においても，「その他の記載内容」に重要な相違または重要な誤りがある場合には，経営者に対して修正するよう積極的に促していくことなどが求められることになります。

⑸　追記情報

　監査基準では，監査人は，以下に掲げる事項で，強調すること，またはその他説明することが適当と判断した事項は，監査報告書にそれらを区分したうえで，情報として追記するものとするとしています。

(a) 会計方針の変更

(b) 重要な偶発事象

(c) 重要な後発事象

⑹ **経営者および監査役等の責任**

経営者には，財務諸表の作成責任があること，財務諸表に重要な虚偽の表示がないように内部統制を整備および運用する責任があること，継続企業の前提に関する評価を行い必要な開示を行う責任があること，監査役等には，財務報告プロセスを監視する責任があることを記載します。

これは，会計監査が二重責任の原則，つまり財務諸表の作成責任は経営者にあり，監査人はあくまでも独立の立場から財務諸表に対する意見を表明する責任を負うのみであることを，外部の利害関係者に理解してもらい，同時に経営者にも理解させるという意味をもっています。

⑺ **監査人の責任**

監査人の責任は独立の立場から財務諸表に対する意見を表明することにあること，監査の基準は監査人に財務諸表に重要な虚偽の表示がないかどうかの合理的な保証を得ることを求めていること，監査は財務諸表項目に関する監査証拠を得るための手続を含むこと，監査は経営者が採用した会計方針およびその適用方法ならびに経営者によって行われた見積りの評価も含め全体としての財務諸表の表示を検討していること，監査手続の選択および適用は監査人の判断によること，財務諸表監査の目的は，内部統制の有効性について意見表明するためのものではないこと，継続企業の前提に関する経営者の評価を検討すること，監査役等と適切な連携を図ること，監査上の主要な検討事項を決定して監査報告書に記載することを記載します。

4 適正意見の意味と実質判断の要請

　監査基準の報告基準，一　基本原則，1に「監査人は，適正性に関する意見を表明する場合には，経営者の作成した財務諸表が，一般に公正妥当と認められる企業会計の基準に準拠して，企業の財政状態，経営成績及びキャッシュ・フローの状況を全ての重要な点において適正に表示しているかどうかについて意見を表明しなければならない」とあるように，監査人は，財務諸表が適正に表示されているか否かの結論を表明します。

　もちろん，適正意見の表明には，財務諸表の利用者の意思決定を誤らせるような重要な虚偽表示を含まないことが前提にありますが，監査人の判断の仕組みは，「経営者の作成した財務諸表が，一般に公正妥当と認められる企業会計の基準に準拠して，……」という文言にあるように，企業会計の基準への準拠性が基本です。

　しかし，企業が採用する会計方針が会計基準に準拠してさえいれば自動的に適正表示の意見を表明できるのか，あるいは監査人に一定の実質的な独自の判断が要求されるのか，という点については，国を問わず，監査人を悩ましてきた大きな問題です。

　この関係について，次の2つの異なる見方があります。

 (a)　**会計基準単純準拠性説**　：　会計原則や会計諸規定や規則，およびこれに類する明文化された会計ルール集としての会計基準に会計処理と表示が合致してさえいれば無条件に適正とする，あるいはすべきである，とする立場

 (b)　**適正表示独立意見説**　：　基本的に監査人は自らの判断で財務諸表が適正表示されているか否かの結論を得なければならない。ただし，

　　その判断の権威ある拠り所として会計基準があり，一般の場合は会
　　計基準に準拠した財務諸表を適正とすることができるが，それが全
　　ての場合にあてはまるわけでなく，会計基準への準拠が適正表示を
　　担保することができるか否かの判断も監査人に要求されている，と
　　する立場

　わが国では，明らかに(a)の立場からの監査判断を重視してきました。
しかし，この立場を機械的に踏襲すると，たとえば，かつて膨大な不良
債権の含み損等を抱えて実質的に債務超過の状態にある銀行の財務諸表
に対して，原価基準を基礎におくルール集としての会計基準に準拠して
いるという理由で適正表示の意見を表明し，その銀行の破綻の結果，監
査人が社会の糾弾を浴びる事態を招きました（**図表11‐2**）。
　また，アメリカで，エンロン事件が発生した際，監査人が細かいルー
ル集的な会計基準の機械的な適用を適正意見の要件とすることを逆手に
取られて，エンロン社の粉飾を見抜けませんでした。
　他方，(b)の立場の監査判断は，極端になると，会計基準の存在に関わ
りなく独立に適正表示に関する意見形成を監査人が行うべきであるとの
主張となり，結果として，監査人の主観が表に出て，監査意見に対する
社会的信頼性を失う結果ともなり，また監査人の責任も曖昧になりかね
ないことが指摘されています。
　いずれにせよ，それぞれの立場に，一長一短があるのです。
　こうした長短を考慮し，監査基準の報告基準，一　基本原則，2で
「監査人は，財務諸表が一般に公正妥当と認められる企業会計の基準に
準拠して適正に表示されているかどうかの判断に当たっては，経営者が
採用した会計方針が，企業会計の基準に準拠して継続的に適用されてい
るかどうかのみならず，その選択及び適用方法が会計事象や取引を適切

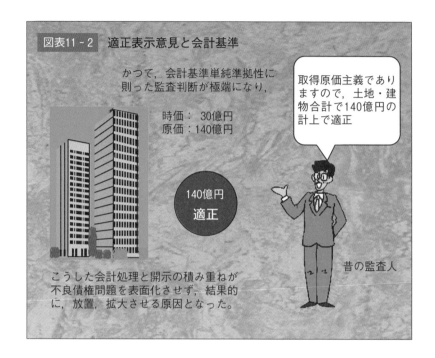

図表11-2 適正表示意見と会計基準

かつて，会計基準単純準拠性に則った監査判断が極端になり，

時価： 30億円
原価：140億円

140億円
適正

取得原価主義でありますので，土地・建物合計で140億円の計上で適正

昔の監査人

こうした会計処理と開示の積み重ねが不良債権問題を表面化させず，結果的に，放置，拡大させる原因となった。

に反映するものであるかどうか並びに財務諸表の表示方法が適切であるかどうかについても評価しなければならない」とし，前記の(a)の立場に立ちつつ，機械的な会計基準の適用を適正意見の要件とする監査判断を戒めています。

5 会社法会計監査人の監査報告書

　以前の商法の規定では，会計監査人は，会社の計算書類が法律に定める計算規定に従って「適法」に記載されているかどうかの報告を求められていました。しかし，会計監査人の監査を受けるような大きな会社の

多くは，同時に旧証券取引法の適用も受け，前述のように，旧証券取引法のもとでの監査報告書が財務諸表の適正表示に関する意見を記載することになっていましたので，商法と旧証券取引法で，同じ監査人が，同じ監査をして，違った書式の監査報告書を書くという混乱がありました。

　新しい会社法の規定では，この点が改められました。株式会社が会計監査人の監査を受ける場合，会計監査人の監査報告書の記載内容は法務省の会社計算規則に定められているのですが，その規則は，「会計監査報告の内容」として，以下の事項を書くことを要求しています（第126条）。

一　会計監査人の監査の方法及びその内容

二　計算関係書類が当該株式会社の財産及び損益の状況を全ての重要な点において適正に表示しているかどうかについての意見があるときは，次のイからハまでに掲げる意見の区分に応じ，当該イからハまでに定める事項

　イ　無限定適正意見　監査の対象となった計算関係書類が一般に公正妥当と認められる企業会計の慣行に準拠して，当該計算関係書類に係る期間の財産及び損益の状況を全ての重要な点において適正に表示していると認められる旨

　ロ　除外事項を付した限定付適正意見　監査の対象となった計算関係書類が除外事項を除き一般に公正妥当と認められる企業会計の慣行に準拠して，当該計算関係書類に係る期間の財産及び損益の状況を全ての重要な点において適正に表示していると認められる旨並びに除外事項

　ハ　不適正意見　監査の対象となった計算関係書類が不適正である旨及びその理由

三　前号の意見がないときは，その旨及びその理由

四　追記情報

五　会計監査報告を作成した日

　このうち，「除外事項を付した限定付適正意見」，「不適正意見」，「意見がないとき」，「追記情報」というのは，次章で説明しますが，要は，会社法は，金融商品取引法の監査報告書の書式と同じにしたのです。
　これにより，会計監査人は会社法のもとでの計算書類の監査であっても，金融商品取引法の監査と同じ判断の基準で監査意見を形成し，表明できますし，財務諸表の利用者も，会社法と金融商品取引法で監査報告書の書式が異なり，違いがわからず，混乱する，といったこともほぼ解消しました。
　しかし，2018年の監査基準の改訂により，「監査上の主要な検討事項」の記述が加わり，これが会社計算規則の中に規定されていません。したがって，この記述の部分が会社法の下での会計監査人監査報告書では抜けることになり，今後の調整が必要となります。**図表11-3**は日本公認会計士協会が示す会計監査人監査報告書の文例（一部，筆者が加工）です。
　なお，会計監査人監査を受ける会社の監査役（会）や監査委員会の監査報告書では，監査役（会）の監査の方法と内容を述べ，会計監査人の職務の遂行が適正に実施されることを確保するための体制に関する事項（内部統制）について述べるだけで，会計監査については触れません。ただし，会計監査人の監査の方法または結果を相当でないと認めたときは，その旨とそのように判断した理由を述べることになります。
　しかし，実は，会計監査人監査の監査報告のあり方については，たとえば，違法配当などの種々の会社法違反との関係で必ずしも明確にされていない点も多く，今後，判例や解釈が出てくることで，解明されていくことになるでしょう。

図表11－3　会社法会計監査人の監査報告書

独立監査人の監査報告書

［宛先］　　　　　　　　　　　　　　　　　　　［監査報告書の日付］
　　　　　　　　　　　　　　　　　　　　　　　　　［○○監査法人］
　　　　　　　　　　　　　　　　　　　　　　　　　［監査人の署名］

【監査意見】

　当監査法人は，会社法第436条第2項第1号の規定に基づき，○○株式会社の×年×月×日から×年×月×日までの第×期事業年度の計算書類，すなわち，貸借対照表，損益計算書，株主資本等変動計算書及び個別注記表並びにその附属明細書（以下「計算書類等」という。）について監査を行った。当監査法人は，上記の計算書類等が，我が国において一般に公正妥当と認められる企業会計の基準に準拠して，当該計算書類等に係る期間の財産及び損益の状況を，すべての重要な点において適正に表示しているものと認める。

【監査意見の根拠】

　当監査法人は，我が国において一般に公正妥当と認められる監査の基準に準拠して監査を行った。監査の基準における当監査法人の責任は，「計算書類等の監査における監査人の責任」に記載されている。当監査法人は，我が国における職業倫理に関する規定に従って，会社から独立しており，また，監査人としてのその他の倫理上の責任を果たしている。当監査法人は，意見表明の基礎となる十分かつ適切な監査証拠を入手したと判断している。

【計算書類等に対する経営者並びに監査役及び監査役会の責任】

　経営者の責任は，我が国において一般に公正妥当と認められる企業会計の基準に準拠して計算書類等を作成し適正に表示することにある。これには，不正又は誤謬による重要な虚偽表示のない計算書類等を作成し適正に表示するために経営者が必要と判断した内部統制を整備及び運用することが含まれる。計算書類等を作成するに当たり，経営者は，継続企業の前提に基づき計算書類等を作成することが適切であるかどうかを評価し，我が国において一般に公正妥当と認められる企業会計の基準に基づいて継続企業に関する事項を開示する必要がある場合には当該事項を開示する責任がある。監査役及び監査役会の責任は，財務報告プロセスの整備及び運用における取締役の職務の執行を監視することにある。

【計算書類等の監査における監査人の責任】

　監査人の責任は，監査人が実施した監査に基づいて，全体としての計算書類等に不正又は誤謬による重要な虚偽表示がないかどうかについて合理的な保証を得て，監査報告書において独立の立場から計算書類等に対する意見を表明することにある。虚偽表示は，不正又は誤謬により発生する可能性があり，個別に又は集計すると，計算書類等の利用者の意思決定に影響を与えると合理的に見込まれる

場合に，重要性があると判断される。監査人は，我が国において一般に公正妥当と認められる監査の基準に従って，監査の過程を通じて，職業的専門家としての判断を行い，職業的懐疑心を保持して以下を実施する。

- 不正又は誤謬による重要な虚偽表示リスクを識別し，評価する。また，重要な虚偽表示リスクに対応した監査手続を立案し，実施する。監査手続の選択及び適用は監査人の判断による。さらに，意見表明の基礎となる十分かつ適切な監査証拠を入手する。
- 計算書類等の監査の目的は，内部統制の有効性について意見表明するためのものではないが，監査人は，リスク評価の実施に際して，状況に応じた適切な監査手続を立案するために，監査に関連する内部統制を検討する。
- 経営者が採用した会計方針及びその適用方法の適切性，並びに経営者によって行われた会計上の見積りの合理性及び関連する注記事項の妥当性を評価する。
- 経営者が継続企業を前提として計算書類等を作成することが適切であるかどうか，また，入手した監査証拠に基づき，継続企業の前提に重要な疑義を生じさせるような事象又は状況に関して重要な不確実性が認められるかどうか結論付ける。継続企業の前提に関する重要な不確実性が認められる場合は，監査報告書において計算書類等の注記事項に注意を喚起すること，又は重要な不確実性に関する計算書類等の注記事項が適切でない場合は，計算書類等に対して除外事項付意見を表明することが求められている。監査人の結論は，監査報告書日までに入手した監査証拠に基づいているが，将来の事象や状況により，企業は継続企業として存続できなくなる可能性がある。
- 計算書類等の表示及び注記事項が，我が国において一般に公正妥当と認められる企業会計の基準に準拠しているかどうかとともに，関連する注記事項を含めた計算書類等の表示，構成及び内容，並びに計算書類等が基礎となる取引や会計事象を適正に表示しているかどうかを評価する。

監査人は，監査役及び監査役会に対して，計画した監査の範囲とその実施時期，監査の実施過程で識別した内部統制の重要な不備を含む監査上の重要な発見事項，及び監査の基準で求められているその他の事項について報告を行う。

監査人は，監査役及び監査役会に対して，独立性についての我が国における職業倫理に関する規定を遵守したこと，並びに監査人の独立性に影響を与えると合理的に考えられる事項，及び阻害要因を除去又は軽減するためにセーフガードを講じている場合はその内容について報告を行う。

【利害関係】

会社と当監査法人又は業務執行社員との間には，公認会計士法の規定により記載すべき利害関係はない。

以　　上

第12章

監査意見の種類と諸問題

本　章　の　要　点

① 監査意見には，無限定適正意見のほかに除外事項を付した限定付適正意見および不適正意見があり，さらに意見表明を拒否する場合（意見不表明）があります。それぞれのパターンは，除外事項の性格とその重要性および影響の範囲で決まります。

② 監査の実施に関わる制約事項が除外事項の場合は，範囲限定の限定付適正意見か，意見不表明です。また，財務諸表中に監査人が発見した不適正事項が除外事項の場合は，意見限定の限定付適正意見か不適正意見です。

③ 継続企業の前提に関わる監査基準の規定は，継続企業の前提に疑義があっても，適切なリスク情報の開示が行われていれば，その疑義に関わる情報が適正に表示されているものとして適正意見を表明し，その場合は，別に区分して記載することにより監査人が財務諸表の利用者に注意を促す，という仕組みをとっている点に特徴があります。

1 除外事項と監査意見の種類

前の章で，無限定適正意見（英語では，unqualified opinion）報告書を説明しました。監査の遂行上，何も重要な制約や監査証拠の欠落がなく，財務諸表も適正である，という結論を表明する書式です。

しかし，このほかに，除外事項を付した限定付適正意見（qualified opinion with exception）報告書，不適正意見（adverse opinion）報告書，および意見不表明（disclaimer of opinion）報告書があります。そして，これらの監査報告書の変化パターンは，除外事項の種類とその重要性および影響の範囲により決定されます。

ここで，除外事項は，以下の2つの種類からなります。

(a) 監査の実施に関わる制約事項

(b) 財務諸表中に監査人が発見した不適正事項

2 監査の実施に関わる制約事項

監査の実施に関わる制約事項としては，被監査会社と監査人双方の力の及ばない事由で重要な監査手続を実施できない状況があります。

たとえば，重要な確認先から回答を入手できない状況，投資有価証券の実質価値を判断するための投資先財務諸表が未監査のために判断を下せない状況，コンピュータが地震で破壊されたために記憶された会計情報を引き出せないとか，海外子会社が現地の戦乱により監査できない状況など，不可抗力により重要な監査手続を実施できない事情などです。

また，被監査会社が監査人に課した，監査を実施するうえでの制約事

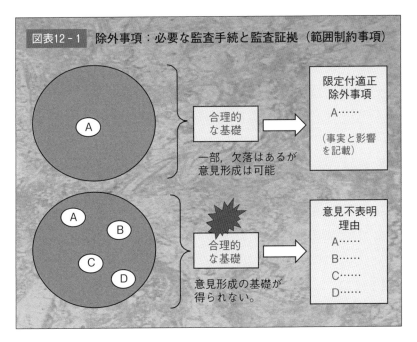

図表12-1　除外事項：必要な監査手続と監査証拠（範囲制約事項）

項もあります。たとえば，帳簿や証拠書類の閲覧拒否，勘定残高明細表の作成拒否，実地棚卸しが監査人の希望どおりに行われない状況など，一部の重要な監査手続の実施を会社が阻んだり，非協力的なために，その監査手続の実施から得られるはずの監査証拠を入手できない状況などです。つまり，監査証拠を得られないために，監査人として重要な虚偽表示を見逃す可能性を否定できないのです。

　図表12-1をみてください。ここでは，一部，必要な監査手続を実施できず，そのために監査証拠を得ることはできなかったものの，その部分を除けば，財務諸表全体に対する意見形成は可能という場合（除外事項を付した限定付適正意見）と，実施できなかった必要な監査手続がきわめて重要で，監査証拠の欠落が，監査人にとって，財務諸表全体に対する意見を形成する合理的な基礎を得ることができず，したがって意見

表明を拒否する場合（意見不表明）があることを示しています。

　このような事情で，満足のいく監査ができなかった場合，監査基準の報告基準，五は，監査範囲の制約として，４つの規定を置いていますが，そのうちの最初の２つは代表的な事態です。

　1　監査人は，重要な監査手続を実施できなかったことにより，無限定適正意見を表明することができない場合において，その影響が財務諸表全体に対する意見表明ができないほどではないと判断したときには，除外事項を付した限定付適正意見を表明しなければならない。この場合には，意見の根拠の区分に，実施できなかった監査手続及び当該事実が影響する事項及びこれらを踏まえて除外事項を付した限定付適正意見とした理由を記載しなければならない。

　2　監査人は，重要な監査手続を実施できなかったことにより，財務諸表全体に対する意見表明のための基礎を得ることができなかったときには，意見を表明してはならない。この場合には，意見の根拠の区分に，財務諸表に対する意見を表明しない旨及びその理由を記載しなければならない。

　つまり，１の場合は，意見の根拠の区分を設けて除外事項を記載して，限定付適正意見報告書を書きますが，次のような記載例が示されています（日本公認会計士協会の文例をもとに筆者が加工）。

限定付適正意見

　当監査法人は，○○株式会社及び連結子会社の×年×月×日から×年×月×日までの連結会計年度の連結財務諸表，すなわち連結貸借対照表，連結損益計算書，連結包括利益計算書，連結株主資本等変動計算書，連結キャッシュ・フロー計算書及び重要な会計方針を含む連結財務諸表の注記について監査を行った。当監査法人は，上記の連結財務諸表が，「限定付適正意見の根拠」に記載

した事項の連結財務諸表に及ぼす可能性のある影響を除き，我が国において一般に公正妥当と認められる企業会計の基準に準拠して，○○株式会社及び連結子会社の×年×月×日現在の財政状態並びに同日をもって終了する連結会計年度の経営成績及びキャッシュ・フローの状況を，すべての重要な点において適正に表示しているものと認める。

限定付適正意見の根拠

　会社は，当連結会計年度中にXYZ社の株式を取得し，在外関連会社として当該会社の投資に対し持分法を適用している。XYZ社に対する投資は，×年12月31日現在の連結貸借対照表上○○○百万円で計上され，XYZ社の当期純利益のうち会社の持分相当額である○○○百万円が，同日に終了した連結会計年度の会社の当期純利益に含まれている。当監査法人は，XYZ社の財務情報を入手することができず，また，XYZ社の経営者及び監査人とのコミュニケーションが認められなかったため，XYZ社に対する×年12月31日現在の会社の持分法による投資簿価及び同日に終了した連結会計年度の当期純利益のうち関連する持分法投資利益について，十分かつ適切な監査証拠を入手することができなかった。したがって，当監査法人は，これらの金額に修正が必要となるかどうかについて判断することができなかった。これらを踏まえて除外事項を付した限定付適正意見を表明するものである。

　当監査法人は，我が国において一般に公正妥当と認められる監査の基準に準拠して監査を行った。監査の基準における当監査法人の責任は，「連結財務諸表監査における監査人の責任」に記載されている。当監査法人は，我が国における職業倫理に関する規定に従って，会社及び連結子会社から独立しており，また，監査人としてのその他の倫理上の責任を果たしている。当監査法人は，限定付適正意見表明の基礎となる十分かつ適切な監査証拠を入手したと判断している。

　また，2の場合は，意見不表明とします。その場合の記載例としては，次のようになります（日本公認会計士協会の文例をもとに筆者が加工）。

意見不表明

　当監査法人は，○○株式会社及び連結子会社の×年×月×日から×年×月×日までの連結会計年度の連結財務諸表，すなわち連結貸借対照表，連結損益計

算書，連結包括利益計算書，連結株主資本等変動計算書，連結キャッシュ・フロー計算書及び重要な会計方針を含む連結財務諸表の注記について監査を行った。当監査法人は，「意見不表明の根拠」に記載した事項の連結財務諸表に及ぼす可能性のある影響の重要性に鑑み，連結財務諸表に対する意見表明の基礎となる十分かつ適切な監査証拠を入手することができなかったため，監査意見を表明しない。

意見不表明の根拠

　会社の共同支配企業XYZ社に対する投資は，会社の連結貸借対照表上〇〇〇百万円で計上されており，これは，X年12月31日現在の会社の純資産の90％超に相当する。当監査法人は，XYZ社の経営者及び監査人とのコミュニケーションが認められず，また，XYZ社の監査人の監査調書の閲覧も認められなかった。その結果，当監査法人は，共同支配企業であるXYZ社の資産，負債及び損益に係る持分相当額，並びに連結株主資本等変動計算書と連結キャッシュ・フロー計算書を構成する数値に修正が必要となるか否かについて判断することができなかった。これらを踏まえて意見不表明とするものである。

連結財務諸表監査における監査人の責任

　監査人の責任は，我が国において一般に公正妥当と認められる監査の基準に準拠して監査を実施し，監査報告書において意見を表明することにある。しかしながら，本報告書の「意見不表明の根拠」に記載されているとおり，当監査法人は連結財務諸表に対する意見表明の基礎となる十分かつ適切な監査証拠を入手することができなかった。当監査法人は，我が国における職業倫理に関する規定に従って，会社及び連結子会社から独立しており，また，監査人としてのその他の倫理上の責任を果たしている。

　また，監査基準の報告基準，五は，監査範囲の制約に相当する場合として，さらに次の2つの規定を置いています。

　3　監査人は，他の監査人が実施した監査の重要な事項について，その監査の結果を利用できないと判断したときに，更に当該事項について，重要な監査手続を追加して実施できなかった場合には，重要な監査手続を実施できなかった場合に準じて意見の表明の適否を判

断しなければならない。

4　監査人は，将来の帰結が予測し得ない事象又は状況について，財
務諸表に与える当該事象又は状況の影響が複合的かつ多岐にわたる
場合には，重要な監査手続を実施できなかった場合に準じて意見の
表明ができるか否かを慎重に判断しなければならない。

いずれの事態も実務的にはしばしば現れ，監査人が判断に迷うことも
多いので，一定の指針を示したものです。

3 財務諸表中に監査人が発見した不適正事項

この種の除外事項としては，取引の重要な記録漏れや誤記や架空計上
の場合，会計基準への準拠性違反の場合，準拠はしているが，不当な理
由で会計基準の継続的な適用がなされず，誤った表示をもたらす場合，
経営者が採用した会計方針が企業取引の実態を示すには明らかに不適切
である場合（たとえば，資産の事態に比べて減価償却の耐用年数が明ら
かに長すぎるとき），あるいは注記情報の漏れや不十分さがある場合な
どがあります。

図表12-2をみてください。ここでは，監査対象の財務諸表に上記の
ような不適正事項がある場合に，その事項自体は重要であるが，財務諸
表全体に対する意見表明ができない状態ではなく，この事項を明示すれ
ば，財務諸表の利用者に誤解を与えることはない場合と，その不適正事
項がきわめて重要で，財務諸表全体に大きな影響を与え，その事項を明
示しても，財務諸表全体に対する誤解を回避できない場合があることを
示しています。

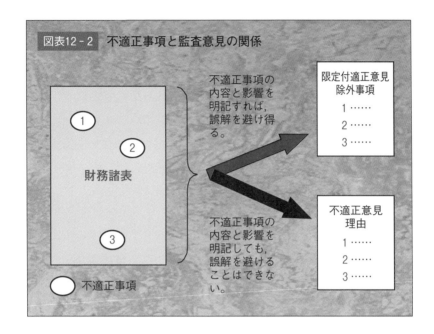

図表12-2　不適正事項と監査意見の関係

限定付適正意見
除外事項

　　1……
　　2……
　　3……

不適正事項の
内容と影響を
明記すれば,
誤解を避け得
る。

財務諸表

① ② ③

〇 不適正事項

不適正事項の
内容と影響を
明記しても,
誤解を避ける
ことはできな
い。

不適正意見
理由

　　1……
　　2……
　　3……

　監査基準の報告基準,四は,意見に関する除外として,次の規定を置いています。

　　1　監査人は,経営者が採用した会計方針の選択及びその適用方法,財務諸表の表示方法に関して不適切なものがあり,その影響が無限定適正意見を表明することができない程度に重要ではあるものの,財務諸表を全体として虚偽の表示に当たるとするほどではないと判断したときには,除外事項を付した限定付適正意見を表明しなければならない。この場合には,意見の根拠の区分に,除外した不適切な事項及び財務諸表に与えている影響及びこれらを踏まえて除外事項を付した限定付適正意見とした理由を記載しなければならない。

　　2　監査人は,経営者が採用した会計方針の選択及びその適用方法,財務諸表の表示方法に関して不適切なものがあり,その影響が財務

　諸表全体として虚偽の表示に当たるとするほどに重要であると判断した場合には，財務諸表が不適正である旨の意見を表明しなければならない。この場合には，意見の根拠の区分に，財務諸表が不適正であるとした理由を記載しなければならない。

　つまり，1の場合は，意見区分での除外事項を付した限定付適正意見報告書，2の場合は，不適正意見（または否定意見）を表明します。除外事項を付した限定付適正意見報告書の記載例としては，以下のようになります（日本公認会計士協会の文例をもとに筆者が加工）。

限定付適正意見

　当監査法人は，○○株式会社の×年×月×日から×年×月×日までの事業年度の財務諸表，すなわち貸借対照表，損益計算書，株主資本等変動計算書，キャッシュ・フロー計算書及び重要な会計方針を含む財務諸表の注記について監査を行った。当監査法人は，上記の財務諸表が，「限定付適正意見の根拠」に記載した事項の財務諸表に及ぼす影響を除き，我が国において一般に公正妥当と認められる企業会計の基準に準拠して，○○株式会社の×年×月×日現在の財政状態並びに同日をもって終了する事業年度の経営成績及びキャッシュ・フローの状況を，すべての重要な点において適正に表示しているものと認める。

限定付適正意見の根拠

　会社は，貸借対照表上，棚卸資産を○○○百万円で計上している。会社は，棚卸資産を取得原価と正味売却価額のうちいずれか低い方の価額ではなく，取得原価で計上している。これは，我が国において一般に公正妥当と認められる企業会計の基準に準拠していない。財務諸表に計上されている棚卸資産を取得原価と正味売却価額のうちいずれか低い方の価額で評価していたならば，棚卸資産を正味売却価額まで○○○百万円切り下げることが必要であった。この結果，営業利益，経常利益及び税引前当期純利益はそれぞれ○○○百万円過大に，当期純利益及び純資産は○○○百万円過大に表示されている。これらを踏まえて除外事項を付した限定付適正意見を表明するものである。

　当監査法人は，我が国において一般に公正妥当と認められる監査の基準に準

拠して監査を行った。監査の基準における当監査法人の責任は，「財務諸表監査における監査人の責任」に記載されている。当監査法人は，我が国における職業倫理に関する規定に従って，会社から独立しており，また，監査人としてのその他の倫理上の責任を果たしている。当監査法人は，限定付適正意見表明の基礎となる十分かつ適切な監査証拠を入手したと判断している。

　また，不適正意見の記載例としては，以下のようになります（日本公認会計士協会の文例をもとに筆者が加工）。

不適正意見
　当監査法人は，○○株式会社の×年×月×日から×年×月×日までの事業年度の財務諸表，すなわち貸借対照表，損益計算書，株主資本等変動計算書，キャッシュ・フロー計算書及び重要な会計方針を含む財務諸表の注記について監査を行った。当監査法人は，上記の財務諸表が，「不適正意見の根拠」に記載した事項の財務諸表に及ぼす影響の重要性に鑑み，○国の○○法に準拠して作成されていないものと認める。

不適正意見の根拠
　会社のXYZ社に対する投資は，会社の貸借対照表上○○○百万円で計上されており，これは，×年12月31日現在の会社の純資産の90％超に相当する。当監査法人は，XYZ社の監査済財務諸表の閲覧を実施した結果，XYZ社は債務超過の状態であり，XYZ社に対する投資の実質価額の取得価額までの回復可能性は認められないと判断した。我が国において一般に公正妥当と認められる企業会計の基準に準拠していれば，XYZ社に対する投資に○○○百万円の評価損を計上することが必要である。この結果，税引前当期純利益は○○○百万円過大に，当期純利益は○○○百万円過大に表示されている。

　当監査法人は，我が国において一般に公正妥当と認められる監査の基準に準拠して監査を行った。監査の基準における当監査法人の責任は，「財務諸表監査における監査人の責任」に記載されている。当監査法人は，我が国における職業倫理に関する規定に従って，会社から独立しており，また，監査人としてのその他の倫理上の責任を果たしている。当監査法人は，否定的意見表明の基礎となる十分かつ適切な監査証拠を入手したと判断している。

4 監査意見の変化パターンの要約

以上をまとめると，図表12‐3のようになります。

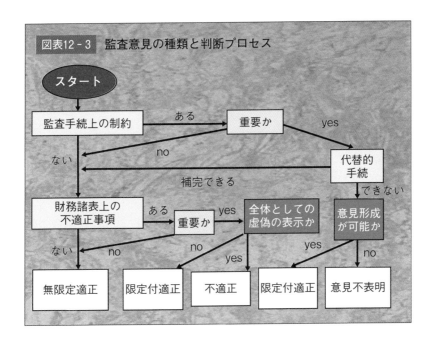

図表12‐3　監査意見の種類と判断プロセス

スタート

監査手続上の制約 ─ある→ 重要か ─yes→ 代替的手続

no→ ない

補完できる

代替的手続 ─できない→ 意見形成が可能か

財務諸表上の不適正事項 ─ある→ 重要か ─yes→ 全体としての虚偽の表示か

ない ←no

no　　yes

意見形成が可能か　yes／no

無限定適正　限定付適正　不適正　限定付適正　意見不表明

これをマトリックスで，一覧表にして示せば，図表12‐4のようにな
るでしょう（原典は，日本公認会計士協会）。

財務諸表に重要な虚偽の表示があること，または重要な監査手続を実
施できなかったこと等により無限定適正意見を表明することができない
場合には，監査人はその理由，影響等について，区分を設けて記載しな
ければならないとされていますが，紛らわしいのは，前の章で述べた**監
査上の主要な検討事項**です。これはあくまでも監査に関する情報の提供

| 図表12-4 | 除外事項と監査意見の変化パターン | | |

除外事項付意見を表明する原因の性質	除外事項付意見を表明する原因となる事項が財務諸表に及ぼす影響の範囲，又は及ぼす可能性のある影響の範囲が広範なものかどうかという監査人の判断	
	重要だが広範でない	重要かつ広範である
財務諸表に重要な虚偽表示がある	限定付適正意見	不適正意見
十分かつ適切な監査証拠が入手できず，重要な虚偽表示の可能性がある	限定付適正意見	意見不表明

であり，本来，除外事項とすべき事柄を除外事項とせずに，監査上の主要な検討事項に紛らわせて書くことは許されません。

　その他，監査意見が無限定適正意見以外の場合の取扱いについては，いくつか注意すべき点があります。まず，不適正意見の場合には，重要かつ広範な事項について虚偽の表示があることから，通常，当該意見に至った理由が最も重要な事項であると想定されますが，当該理由以外の事項を監査上の主要な検討事項として記載するときには，意見の根拠の区分に記載すべき内容と明確に区別しなければなりません。また，限定付適正意見の場合に，当該意見に至った理由以外の事項を監査上の主要な検討事項として記載するときも同様です。

　さらに，意見不表明の場合においては，その根拠となった理由以外の事項を監査上の主要な検討事項として記載することは，財務諸表全体に対する意見表明のための基礎を得ることができていないにもかかわらず，

当該事項について部分的に保証しているかのような印象を与える可能性がありますので，意見不表明の場合には，監査上の主要な検討事項は記載しないことが適当である，とされています。

5 継続企業の前提と監査意見

　継続企業（ゴーイング・コンサーン）の前提に関わるリスク情報開示の問題は監査意見にも影響します。

　監査基準の報告基準，六　継続企業の前提では，以下の詳細な規定を設けています。

　1　監査人は，継続企業を前提として財務諸表を作成することが適切であるが，継続企業の前提に関する重要な不確実性が認められる場合において，継続企業の前提に関する事項が財務諸表に適切に記載されていると判断して無限定適正意見を表明するときには，継続企業の前提に関する事項について監査報告書に記載しなければならない。

　2　監査人は，継続企業を前提として財務諸表を作成することが適切であるが，継続企業の前提に関する重要な不確実性が認められる場合において，継続企業の前提に関する事項が財務諸表に適切に記載されていないと判断したときには，当該不適切な記載についての除外事項を付した限定付適正意見を表明するか，又は，財務諸表が不適正である旨の意見を表明し，その理由を記載しなければならない。

　3　監査人は，継続企業の前提に重要な疑義を生じさせるような事象又は状況に関して経営者が評価及び対応策を示さないときには，継続企業の前提に関する重要な不確実性が認められるか否かを確かめ

る十分かつ適切な監査証拠を入手できないことがあるため，重要な
　　監査手続を実施できなかった場合に準じて意見の表明の適否を判断
　　しなければならない。
　4　監査人は，継続企業を前提として財務諸表を作成することが適切
　　でない場合には，継続企業を前提とした財務諸表については不適正
　　である旨の意見を表明し，その理由を記載しなければならない。

　以上の規定を要約すれば，**図表12－5**のようにまとめることができま
す。

　継続企業の前提に関わる監査基準の規定は，継続企業を前提に財務諸
表を作成することが適切と判断し，なおかつその前提に関する重要な不
確実性がある場合に，適切なリスク情報の開示が行われていれば，その
情報が適正に表示されているものとして適正意見を表明し，その場合は，
「継続企業の前提に関する事項」という区分を設けて意見の表明とは明
確に区別することにより，監査人が財務諸表の利用者に注意を促す，と
いう仕組みをとっている点に特徴があります。
　逆に，継続企業の前提に関わる情報が適切に開示されていなければ，
開示が不適切として，除外事項を付した限定付適正意見報告書か，不適
正意見報告書を出すことになります。
　ただし，継続企業の前提に関わるリスクを経営者が評価していない場
合とか，継続企業の前提に関わる事象や状況を解消するための適切な経
営計画等の対応策に関して経営者が何ら提示しない場合は，監査手続の
制約に相当するものとして，除外事項を付した限定付適正意見報告書か，
極めて重要な場合は，意見表明を拒否するように指示しています。
　なお，客観的な事実（たとえば，監督機関からの行政命令で，清算が

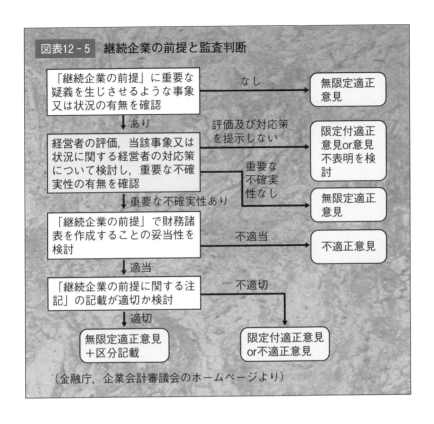

図表12-5　継続企業の前提と監査判断

（金融庁，企業会計審議会のホームページより）

進められることが判明しているときとか，すでに自主解散の手続に入っているときなど）をもって，継続企業の前提が崩れていると判断できるとき，継続企業を前提に作成された財務諸表に対して，監査人は，不適正意見を表明することになります。

6 　追記情報

前述のように，財務諸表の情報内容について強調したり，説明を加え

たりするとか，監査人自身の行為や判断に説明を加えるといった形で，監査意見とは異なる情報を監査報告書に記載する要望が，財務諸表の利用者にも，また監査人自身にもあります。

　ただ，これを放置すると，経営者の財務諸表作成責任と監査人の監査責任の境界が曖昧になり，ついには，監査機能自体の否定にもつながりかねませんし，また，監査人自身にとっても，思わぬ責任を負わされる可能性もあります。

　この点を踏まえて，監査基準の報告基準，二　監査報告書の記載区分，２として，「監査人は，財務諸表の記載について強調する必要がある事項及び説明を付す必要がある事項を監査報告書において情報として追記する場合には，意見の表明とは明確に区別しなければならない」と規定しています。これを追記情報といいます。

　追記情報は，この規定に沿えば，無制限に認めるという主旨ではなく，その記載事項を，①会計方針の変更，②重要な偶発事象，ならびに，③重要な後発事象，について強調する場合を中心に規定しています。

　なお，その他に財務諸表について説明することが適当と考えて記載する事項もあるかもしれませんが，基本的には，できるだけ乱用を避けて，使用は限定されるべきものという立場を監査基準はとっています。

　そのうえで，強調事項と説明事項はそれぞれに区分した見出しを付けて記載する必要があります。

第13章

期中レビュー

本 章 の 要 点

① 期中レビューは，半期報告書のなかの中間財務諸表やその他の期中財務諸表に対する監査人の保証業務の一種です。

② 期中レビューの手続は，質問，分析的手続，その他閲覧などであり，監査に比べて限定されているために，期中レビューでの監査人の結論は消極的形式で表明されます。

③ 監査人が年度監査で得ている重要な虚偽表示に関わるリスク評価や監査証拠が期中レビューにも反映されながら，期中レビューの結論が得られる，という仕組みとなっています。

④ 期中レビューでの監査人の結論は，経営者の作成した期中財務諸表について，一般に公正妥当と認められる企業会計の基準に準拠して，企業の財政状態，経営成績およびキャッシュ・フローの状況を適正に表示していないと信じさせる事項がすべての重要な点において認められなかったかどうかについて表明されます。

⑤ 監査人の結論としては，無限定の結論，除外事項を付した限定付結論，否定的結論，および結論の不表明の4つの種類があります。

⑥ 期中レビューにおいても，継続企業の前提に関する開示の検討が求められます。

⑦ 特別目的の期中財務諸表に対する期中レビューでは，財務諸表作成の会計基準が受入可能か否かを検討し，当該財務諸表はその目的に適合するものであり，他の目的には適合しない場合があることを期中レビュー報告書に記載する。

1 期中財務諸表と期中レビュー

　金融商品取引法が上場企業等に提出と開示を求める有価証券報告書は年1回ですが，市場からは，もっと頻繁に投資情報を発信してほしいという要望があります。そこで，平成20（2008）年から，3か月ごとの情報開示を上場会社等に義務付けるようになりました。これが四半期報告書です。

　また，この四半期報告書に含まれる四半期財務諸表は，有価証券報告書を監査する同じ監査人により，その信頼性について検証を受けますが，これを四半期レビューといいます。この四半期レビューは，年度の財務諸表の監査よりは手続面で簡素化され，そのために，監査人の保証のレベルも限定されています。

　しかし，3か月ごとに投資情報を開示し，監査人のレビューを受けることは企業に大きな負担を強いるうえ，投資家も，四半期報告書に含ま

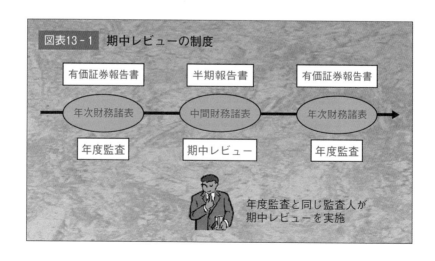

図表13－1　期中レビューの制度

有価証券報告書　　半期報告書　　有価証券報告書

年次財務諸表　　中間財務諸表　　年次財務諸表

年度監査　　期中レビュー　　年度監査

年度監査と同じ監査人が
期中レビューを実施

れるような詳細な情報は，必ずしも必要でないうえに，速報性という点からは，証券取引所が従来から上場会社に要求してきた決算短信が優れているとして，四半期報告書制度の見直しが論議されました。

この結果，令和5（2023）年に金融商品取引法が改正され，四半期報告書は廃止され，事業年度の中間期に**半期報告書**を提出するだけの制度に改められました。

また，この改正に合わせて，四半期レビューも廃止され，代わりに，半期報告書に含まれる**中間財務諸表**に対するレビューだけが要求されることになりました。これを**期中レビュー**といいます（図表13−1）。

ただ，第一四半期と第三四半期の投資情報の重要性は変わりませんので，従来の四半期報告書に代わる決算短信は公表され，任意ではありますが，監査人のレビューを受けることができます。これも，期中レビューといいますが，一般には監査人の観点が異なりますので，これについては後に説明します。

なお，「四半期レビュー基準」を改訂した「期中レビュー基準」は，決算短信の財務諸表についてのレビューに関する基準も含めているので，半期報告書の中の中間財務諸表と決算短信の財務諸表を含めて**期中財務諸表**ということには注意が必要です。

2 期中レビューの目的

期中レビューは，財務諸表の監査人と同一の監査人が実施しますが，監査とは異なります。監査もレビュー（review）も保証業務（assurance engagement）という意味では同じですが，監査人が実施するレビューの手続は，質問と分析的手続を中心に，書類の閲覧など

図表13-2　期中レビューの基本

期中レビュー手続の基本は,

経営者や従業員への質問

文書等の閲覧

分析的手続

が加えられる程度ですので，監査手続よりは限定されています（**図表13 - 2**）。

　したがって，期中レビューでは，監査人は，期中財務諸表が適正に表示されている旨の監査意見を表明することはできず，「実施した手続の範囲では，適正に表示していないと信じさせるものは認められなかった」，という結論を表明するにとどまります。これを消極的結論といいます。

　この点を，「期中レビュー基準」の「期中レビューの目的」の前段で，「経営者の作成した中間財務諸表その他の期中財務諸表（以下「期中財務諸表」という）について，一般に公正妥当と認められる企業会計の基準に準拠して，企業の財政状態，経営成績及びキャッシュ・フローの状況を適正に表示していないと信じさせる事項が全ての重要な点において認められなかったかどうかに関し，監査人が自ら入手した証拠に基づいて判断した結果を結論として表明すること」と規定しているのです。

3 期中レビューと年度監査の関係

「期中レビューの目的」の後段で,「期中レビューにおける監査人の結論は,期中財務諸表に重要な虚偽の表示があるときに不適切な結論を表明するリスクを適度な水準に抑えるために必要な手続を実施して表明されるものであるが,期中レビューは,財務諸表には全体として重要な虚偽の表示がないということについて合理的な保証を得るために実施される年度の財務諸表の監査と同様の保証を得ることを目的とするものではない」と規定しています。

この目的に関して重要な点は,まず,期中レビューの実施者が「監査人」であるという点,つまり,年度監査を実施する同じ監査人が期中レビューを実施する,という前提で本基準が策定されている,という点です。したがって,監査人が年度監査で得ている重要な虚偽表示に関わるリスク評価や監査証拠が期中レビューにも反映されながら,期中レ

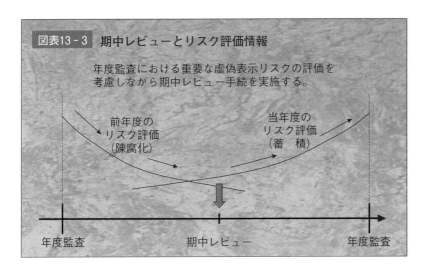

図表13 - 3　期中レビューとリスク評価情報

年度監査における重要な虚偽表示リスクの評価を
考慮しながら期中レビュー手続を実施する。

前年度の
リスク評価
（陳腐化）

当年度の
リスク評価
（蓄 積）

年度監査　　　　　　　　期中レビュー　　　　　　　年度監査

ビューの結論が得られる，という仕組みとなっています。

　具体的には，前年度末の年度監査で得ているリスク評価の情報が，早い時期での期中レビューに反映され，これらのリスク評価情報が次第に陳腐化していく間に，当年度の年度監査でのリスク評価情報が蓄積され，これらがまた期中レビューに活かされていく，という仕組みです（**図表13−3**）。

　監査人は期中レビュー手続として，基本的には質問や分析的手続，さらには閲覧を実施します。したがって，監査基準に準拠して実施される年度監査に比べて限定的な手続からなることは明らかです。とくに，年度監査で実施される詳細なリスク評価や実査，立会，確認，その他の実証性の監査手続は実施されません。しかし，それにもかかわらず，期中レビュー手続により，期中財務諸表の利用者の信頼に値する水準での保証を監査人が得て，不適切な結論を表明するリスクを適度な水準に抑えることができる，としたのは，このような仕組みを背景にしているからです。

　なお，期中レビューと監査は異なるとはいえ，法定監査の法制度の枠組みに入るものでありますので，監査人が備えるべき要件や職業倫理，さらに監査に対する姿勢について定めている監査基準の一般基準および監査に関する品質管理基準は，同様に適用されます。

4 企業および企業環境の理解と期中レビュー計画

　監査人は年度監査において，内部統制を含む，企業および企業環境の理解，ならびにそれに基づく重要な虚偽表示リスクの評価を行います。期中レビューは，これらのリスク評価を前提に計画され，実施されます。

期中レビュー計画は，一般には，年度の監査計画のなかで策定されますが，重要な虚偽表示リスクの評価を変更したり，特別な検討を要するリスクを把握したりした場合は，期中レビュー計画に与える影響を検討し，適宜，計画を修正し，期中レビュー手続に反映する必要があります。

　重要な虚偽表示リスクの評価は年度監査の一環として実施されますが，期中財務諸表の作成に係る内部統制もあるはずであり，その理解は，内部統制の変更も含めて，期中レビュー手続として主に質問により実施することになります。ただ，期中レビュー手続としては，その内部統制の運用評価までは求めていないものの，もし，年度監査における内部統制全体の運用評価のなかで，期中財務諸表における虚偽表示のリスクが高いと判断されれば，後述する追加手続を実施することになります。

　また，期中レビューは年度監査を前提として実施されるものですから，監査人が交代した場合には，後任の監査人は，前任の監査人から適切な引継ぎを行うとともに，期中レビューが的確に行われる体制を早急に作る必要があり，その点も踏まえて年度の監査計画を編成する必要があります。

5 期中レビュー手続

　期中レビュー手続としては，質問，分析的手続その他，としていますが，その他としては，帳簿等の閲覧が主要な手続として挙げられます。期中レビュー基準では，「期中レビュー手続は，経営者の作成した期中財務諸表について，一般に公正妥当と認められる企業会計の基準に準拠して，企業の財政状態，経営成績及びキャッシュ・フローの状況を適正に表示していないと信じさせる事項が全ての重要な点において認められ

なかったかどうかについての監査人の結論の基礎を与えるものでなければならない」と規定しています。

　質問については，期中財務諸表の重要な項目に関する企業会計の基準への準拠性，会計方針の変更や新たな会計方針の適用の有無，会計方針の適用にあたっての仮定の変更，偶発債務等の重要な会計事象または状況の発生の有無，経営者や従業員等による不正や不正の兆候の有無等について，経営者，財務および会計に関する事項に責任を有する者その他適切な者に質問を実施することを規定しています。

　分析的手続については，期中財務諸表と過去の年度の財務諸表や期中財務諸表の比較，重要な項目の趨勢分析，主要項目間の関連性比較，一般統計データとの比較，予算と実績との比較，非財務データとの関連性分析，部門別・製品別の分析，同業他社の比率や指数との比較等を利用した分析的手続を，業種の特性等を踏まえて実施することを求め，その結果，財務変動に係る矛盾や異常な変動がある場合には追加的な質問を実施し，その原因を確かめなければならない，と規定しています。

　質問と分析的手続の他に，会計帳簿等や証拠資料の閲覧，株主総会や取締役会等の議事録やその他の記録の閲覧，重要な子会社の監査人との連絡，訴訟等に関する企業の法律顧問への問い合わせ，会計記録との合致に関する検算や調整などが挙げられますが，実証的な手続は求められていません。

　また，期中レビューは年度監査と同様の合理的保証を得ることを目的としているものではないので，不正リスク対応基準は適用されません。しかし，期中レビュー手続を適用した結果，期中財務諸表について，重要な点において適正に表示していない事項が存在する可能性が高いことが判明した場合には，監査人は，期中レビューの結論を表明するための十分な基礎を得るため，追加的な質問や関係書類の閲覧等の適切な追加

的手続を実施して，当該事項の有無を確かめ，その事項の結論への影響
を検討することが求められます。

6 その他の実施基準

その他，実施基準に関しては，以下の諸点を規定しています。

会計記録に基づく作成 ： 期中財務諸表といえども，年度財務諸表の
作成の基礎になる正規の会計記録に基づいて作成されなければなら
ないことから，その点を確かめる。

後発事象への対応 ： 監査人は，期中財務諸表において修正または開
示すべき後発事象があるかどうかを経営者に質問しなければならな
い。

経営者からの書面による確認 ： 適正な期中財務諸表を作成する責任
は経営者にあること，期中財務諸表を作成するための内部統制を整
備し運用する責任は経営者にあること等について，経営者から書面
をもって確認しなければならない。

経営者等への伝達と対応 ： 期中財務諸表について，企業の財政状態，
経営成績およびキャッシュ・フローの状況を重要な点において適正
に表示していないと信じさせる事項が認められる場合には，経営者
等にその事項を伝達し，適切な対応を求めるとともに，適切な対応
がとられない場合には，当該事項の期中レビューの結論への影響を
検討しなければならない。

他の監査人の利用 ： 監査人が他の監査人によって行われた期中レ
ビュー等の結果を利用する場合には，当該他の監査人が関与した期
中財務諸表等の重要性および他の監査人の品質管理の状況等に基づ

く信頼性の程度を勘案して，他の監査人の実施した期中レビュー等の結果を利用する程度および方法を決定しなければならない。

7 期中レビューにおける結論と報告

　期中レビューでの監査人の結論は，経営者の作成した期中財務諸表について，一般に公正妥当と認められる企業会計の基準に準拠して，企業の財政状態，経営成績およびキャッシュ・フローの状況を適正に表示していないと信じさせる事項が全ての重要な点において認められなかったかどうかについて消極的形式で表明されます。

　前述のように，消極的形式での結論の表明は，期中レビューは監査業務に比して手続も限られているために，期中財務諸表の適正表示について，限られた手続の範囲でわかったことのみを結論として表明する，という意味をもっているのです。

　なお，決算短信に含まれる期中財務諸表のように，特別な利用目的に適合した会計基準により作成される期中財務諸表の期中レビューの場合は，適正表示に関する結論の表明とは別の枠組みで結論が表明されるのが一般的ですので，これについては後述します。

　期中レビュー報告書には，監査人の結論，結論の根拠，経営者および監査役等（監査役，監査役会，監査等委員会または監査委員会をいう）の責任，監査人の責任を明瞭かつ簡潔にそれぞれを区分したうえで，記載しなければならないとされ，それぞれの区分で記載する事項は以下のとおりです。ただし，結論を表明しない場合（結論の不表明）には，その旨を期中レビュー報告書に記載しなければなりません。

(1)　監査人の結論

期中レビューの対象とした期中財務諸表の範囲，および経営者の作成した期中財務諸表が，一般に公正妥当と認められる企業会計の基準に準拠して，企業の財政状態，経営成績およびキャッシュ・フローの状況を適正に表示していないと信じさせる事項が全ての重要な点において認められなかったこと。

(2)　結論の根拠

一般に公正妥当と認められる期中レビューの基準に準拠して期中レビューを行ったこと，期中レビューの結果として入手した証拠が結論の表明の基礎を与えるものであること。

(3)　経営者および監査役等の責任

経営者には，期中財務諸表の作成責任があること，期中財務諸表に重要な虚偽の表示がないように内部統制を整備および運用する責任があること，継続企業の前提に関する評価を行い必要な開示を行う責任があること，監査役等には，財務報告プロセスを監視する責任があること。

(4)　監査人の責任

監査人の責任は独立の立場から期中財務諸表に対する結論を表明することにあること，期中レビューは質問，分析的手続その他の期中レビュー手続からなり，年度の財務諸表の監査に比べて限定的な手続となること，継続企業の前提に関する経営者の評価を検討すること，監査役等と適切な連携を図ること。

8 結論の種類

　期中レビューにおける監査人の結論としては，無限定の結論，除外事項を付した限定付結論，否定的結論，および結論の不表明の4つの種類を設けています。これらは，年度監査における監査人の意見の種類に対応させたものです。なお，除外事項が付される場合は，期中財務諸表に適正に表示していないと信じさせる事項が認められる場合と，重要な期中レビュー手続が実施できなかった場合に分けられることも年度監査と同じです。

　無限定の結論 ： 経営者の作成した期中財務諸表について，一般に公正妥当と認められる企業会計の基準に準拠して，企業の財政状態，経営成績およびキャッシュ・フローの状況を適正に表示していないと信じさせる事項が全ての重要な点において認められなかった場合。

　結論に関する除外 ： 経営者の作成した期中財務諸表について，一般に公正妥当と認められる企業会計の基準に準拠して，企業の財政状態，経営成績およびキャッシュ・フローの状況を重要な点において適正に表示していないと信じさせる事項が認められ，無限定の結論を表明することができない場合において，その影響が無限定の結論を表明することができない程度に重要ではあるものの，期中財務諸表の全体に対して否定的結論を表明するほどではないと判断した場合。この場合，監査人は，除外事項を付した限定付結論を表明し，結論の根拠の区分に，修正すべき事項，可能であれば当該事項が期中財務諸表に与える影響およびこれらを踏まえて除外事項を付した限定付結論とした理由を記載。

　否定的結論 ： 経営者の作成した期中財務諸表について，一般に公正

妥当と認められる企業会計の基準に準拠して，企業の財政状態，経営成績およびキャッシュ・フローの状況を重要な点において適正に表示していないと信じさせる事項が認められる場合において，その影響が期中財務諸表全体として虚偽の表示にあたるほど重要であると判断した場合。監査人は，否定的結論を表明する場合は，結論の根拠の区分に，その理由を記載。

期中レビュー範囲の制約（除外事項を付した限定付結論）：　重要な期中レビュー手続を実施できなかったことにより，無限定の結論を表明できない場合において，その影響が期中財務諸表全体に対する結論の表明ができないほどではないと判断した場合。この場合には，監査人は，結論の根拠の区分に，実施できなかった期中レビュー手続を記載し，期中財務諸表に対する結論において当該事実が影響する事項およびこれらを踏まえて除外事項を付した限定付結論とした理由を記載。

結論の不表明：　重要な期中レビュー手続を実施できなかったことにより，無限定の結論の表明ができない場合において，その影響が期中財務諸表に対する結論の表明ができないほどに重要であると判断した場合。この場合には，監査人は，結論の根拠の区分に，期中財務諸表に対する結論を表明しない旨およびその理由を記載。

次ページの**図表13－4**は，日本公認会計士協会が示す期中レビュー報告書（半期報告書の中間財務諸表に対するもの）の標準的な文例です。

独立監査人の中間連結財務諸表に対する期中レビュー報告書

×年×月×日

○○株式会社　取締役会　御中

　　　　　　　　　　　　　　　○○監査法人

　　　　　　　　　　　　指 定 社 員　　公認会計士　○○○○　㊞
　　　　　　　　　　　　業務執行社員

　　　　　　　　　　　　指 定 社 員　　公認会計士　○○○○　㊞
　　　　　　　　　　　　業務執行社員

監査人の結論

　当監査法人は，金融商品取引法第193条の2第1項の規定に基づき，「経理の状況」に掲げられている○○株式会社の×年×月×日から×年×月×日までの連結会計年度の中間連結会計期間（×年×月×日から×年×月×日まで）に係る中間連結財務諸表，すなわち，中間連結財政状態計算書，中間連結損益計算書，中間連結包括利益計算書，中間連結持分変動計算書，中間連結キャッシュ・フロー計算書，中間連結財務諸表作成のための基本となる重要な事項及びその他の注記について期中レビューを行った。

　当監査法人が実施した期中レビューにおいて，上記の中間連結財務諸表が，「中間連結財務諸表の用語，様式及び作成方法に関する規則」第94条により規定された，我が国において一般に公正妥当と認められる企業会計の基準に準拠して，○○株式会社及び連結子会社の×年×月×日現在の財政状態，同日をもって終了する中間連結会計期間の経営成績並びに中間連結会計期間のキャッシュ・フローの状況を適正に表示していないと信じさせる事項が全ての重要な点において認められなかった。

監査人の結論の根拠

　当監査法人は，我が国において一般に公正妥当と認められる期中レビューの基準に準拠して期中レビューを行った。期中レビューの基準における当監査法人の責任は，「中間連結財務諸表の期中レビューにおける監査人の責任」に記載されている。当監査法人は，我が国における職業倫理に関する規定に従って，会社及び連結子会社から独立しており，また，監査人としてのその他の倫理上の責任を果たしている。当監査法人は，結論の表明の基礎となる証拠を入手したと判断している。

中間連結財務諸表に対する経営者並びに監査役及び監査役会の責任

　経営者の責任は，我が国において一般に公正妥当と認められる企業会計の基準に準拠して中間連結財務諸表を作成し適正に表示することにある。これには，不正又は誤謬による重要な虚偽表示のない中間連結財務諸表を作成し適正に表示するために経営者が必要と判断した内部統制を整備及び運用することが含まれる。

　中間連結財務諸表を作成するに当たり，経営者は，継続企業の前提に基づき中間連結財務諸表を作成することが適切であるかどうかを評価し，一般に公正妥当と認められる企業会計の基準に基づき，継続企業に関する事項を開示する必要がある場合には当該事項を開示する責任がある。

　監査役及び監査役会の責任は，財務報告プロセスの整備及び運用における取締役の職務の執行を監視することにある。

中間連結財務諸表の期中レビューにおける監査人の責任

　監査人の責任は，監査人が実施した期中レビューに基づいて，期中レビュー報告書において独立の立場から中間連結財務諸表に対する結論を表明することにある。

　監査人は，我が国において一般に公正妥当と認められる期中レビューの基準に従って，期中レビューの過程を通じて，職業的専門家としての判断を行い，職業的懐疑心を保持して以下を実施する。

- 主として経営者，財務及び会計に関する事項に責任を有する者等に対する質問，分析的手続その他の期中レビュー手続を実施する。期中レビュー手続は，我が国において一般に公正妥当と認められる監査の基準に準拠して実施される年度の財務諸表の監査に比べて限定された手続である。

- 継続企業の前提に関する事項について，重要な疑義を生じさせるような事象又は状況に関して重要な不確実性が認められると判断した場合には，入手した証拠に基づき，中間連結財務諸表において，一般に公正妥当と認められる企業会計の基準に基づき，適正に表示されていないと信じさせる事項が認められないかどうか結論付ける。また，継続企業の前提に関する重要な不確実性が認められる場合は，期中レビュー報告書において中間連結財務諸表の注記事項に注意を喚起すること，又は重要な不確実性に関する中間連結財務諸表の注記事項が適切でない場合は，中間連結財務諸表に対して限定付結論又は否定的結論を表明することが求められている。監査人の結論は，期中レビュー報告書日までに入手した証拠に基づいているが，将来の事象や状況により，企業は継続企業として存続できなくなる可能性がある。

- 中間連結財務諸表の表示及び注記事項が，一般に公正妥当と認められる企業会計の基準に準拠していないと信じさせる事項が認められないかどうかとともに，関連する注記事項を含めた中間連結財務諸表の表示，構成及び内容，並びに中間連結財務諸表が基礎となる取引や会計事象を適正に表示していないと信じさせる事項が認められないかどうかを評価する。

- 中間連結財務諸表に対する結論表明の基礎となる，会社及び連結子会社の財務情報に関する証拠を入手する。監査人は，中間連結財務諸表の期中レビューに関する指揮，監督及び査閲に関して責任がある。

　監査人は，単独で監査人の結論に対して責任を負う。監査人は，監査役及び監査役会に対して，計画した期中レビューの範囲とその実施時期，期中レビュー上の重要な発見事項について報告を行う。

　監査人は，監査役及び監査役会に対して，独立性についての我が国における職業倫理に関する規定を遵守したこと，並びに監査人の独立性に影響を与えると合理的に考えられる事項，及び阻害要因を除去するための対応策を講じている場合又は阻害要因を許容可能な水準にまで軽減するためのセーフガードを適用している場合はその内容について報告を行う。

利害関係

　会社及び連結子会社と当監査法人又は業務執行社員との間には，公認会計士法の規定により記載すべき利害関係はない。

以　　上

出典：日本公認会計士協会「期中レビュー基準報告書第1号」（2024年）の文例に若干，筆者が加筆した。

9 その他の報告基準

その他，報告基準に関しては，以下の諸点が重要です。

審査 ： 監査人は結論の表明に先立ち，自らの結論が一般に公正妥当と認められる期中レビュー基準に準拠して適切に形成されていることを確かめるために審査を受けること。これは品質管理の一環で，年度監査と同じ手続。

他の監査人の利用 ： 他の監査人が実施した期中レビュー等の重要な事項について，その結果を利用できないと判断し，さらに当該事項について，重要な期中レビュー等の手続を追加して実施できなかった場合には，重要な期中レビュー手続が実施できなかった場合に準じて結論の表明の適否を判断しなければならないと規定。

将来の帰結が予測し得ない事象等 ： 重要な偶発事象等の将来の帰結が予測し得ない事象または状況について，期中財務諸表に与える当該事象または状況の影響が複合的かつ多岐にわたる場合には，重要な期中レビュー手続を実施できなかった場合に準じて，結論の表明ができるか否かを慎重に判断しなければならないと規定。

追記情報 ： 次に掲げる事項その他強調または説明することが適当と判断した事項は，期中レビュー報告書に強調事項あるいは説明事項として追記するものとする。強調事項としては，結論の表明とは明確に区分したうえで，(1)正当な理由による会計方針の変更，(2)重要な偶発事象，(3)重要な後発事象，(4)監査人が結論を表明した期中財務諸表を含む開示書類における当該期中財務諸表の表示とその他の記載内容との重要な相違，の4項目を列挙。

10 継続企業の前提

　継続企業の前提に関する開示の検討は期中レビューにおいても求められています。企業の継続性に関わる問題は年度のどこでも出てくる可能性がありますが，期中財務諸表を公表する期間（中間期末から45日）では，継続企業の前提に関する疑義が発生しても，それを回避する経営計画など，経営者が十分に対応できないことも多く，金融支援先と交渉中などといった，開示もできない場合もあるでしょう。また，期中レビュー手続では，経営計画の妥当性などの裏付けを得ることまで求めることはできません。

　期中レビュー基準では，まず，監査人は，前会計期間の決算日に継続企業の前提に重要な疑義を生じさせる事象または状況が存在し，継続性の前提に関する重要な不確実性が認められた場合，その事象や状況に係る経営者の評価と対応策に変更があるかどうかについて質問します。また，監査人が当該期中会計期間中に継続企業の前提に重要な疑義を生じさせる事象または状況を新たに認めた場合には，経営者による評価および対応策を含めて開示の要否について質問することとしています。

　質問の結果，継続企業の前提に関する重要な不確実性が認められると判断した場合には，継続企業の前提に関する事項（事象または状況が存在する旨，事象または状況の解消または改善のための対応策，重要な不確実性が認められる旨およびその理由）が期中財務諸表において，一般に公正妥当と認められる企業会計の基準（企業会計基準委員会の会計基準，ならびに内閣府令など）に準拠して，適正に表示していないと信じさせる事項が認められないかどうかに関し，追加的な質問や関係書類の閲覧等の追加的な手続を実施して，検討しなければならないものとして

います。

　そのうえで，前会計期間の決算日において継続企業の前提に重要な疑義を生じさせる事象または状況が存在し，継続企業の前提に関する重要な不確実性が認められた場合には，当中間期会計期間末までの事象または状況の変化と経営者の評価および対応策の変更を質問等の期中レビュー手続により確かめ，特段の変化がなければ，前会計期間の開示を踏まえた同様の開示が行われているかどうかを検討することになります。

　また，前会計期間の決算日における継続企業の前提に重要な疑義を生じさせる事象または状況に大きな変化がある場合，あるいは，前会計期間の決算日において継続企業の前提に重要な疑義を生じさせる事象または状況が存在していなかったものの，当該中間期会計期間に継続企業の前提に重要な疑義を生じさせる事象または状況が認められた場合について経営者の行った評価，および少なくとも翌中間期会計期間末までの経営者の対応策について質問等により検討を行ったうえで，継続性の前提に関する重要な不確実性が認められるか否かを判断します。ただし，この場合の対応策として，1年間の経営計画とか具体的な資金手当が決定されることまでは要求していません。

　そのうえで，継続企業の前提に関わる注記事項が適切に財務諸表に記載されておれば無限定の結論を出し，さらにその注記事項については期中レビュー報告書において独立した区分を設け，継続企業の前提に関する事項を結論の表明とは区別する形で監査人が記載することを求めていますが，この枠組みは監査基準と同じです。したがって，継続企業の前提に関わる事項が適切に記載されていない場合は，除外事項を付した限定的結論，または否定的結論を表明し，その理由を記載する点も監査基準と同じです。

　また，経営者は継続企業の前提に関する評価および開示を行う責任を

有し，監査人はそれらを検討する責任を有することを期中レビュー報告書の中の経営者等の責任および監査人の責任に関する区分に記載することが求められています。

　なお，監査基準では，継続企業の前提に重要な疑義を抱かせる事象または状況が存在している場合において，経営者がその疑義を解消させるための合理的な経営計画等を提示しないときには，重要な監査手続を実施できなかった場合に準じて意見の表明の適否を判断するものとしています。同じことは期中レビューでも生じ得ますが，もともと期中レ

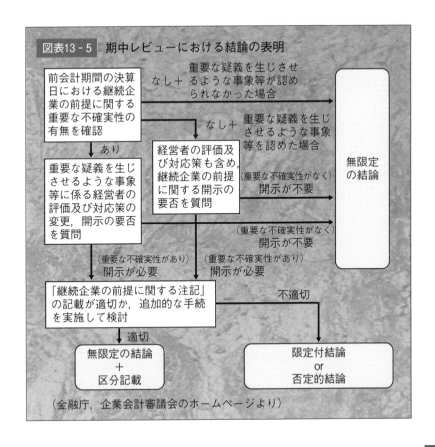

図表13－5　期中レビューにおける結論の表明

（金融庁，企業会計審議会のホームページより）

ビュー手続は限定され，期中レビューの期間も短いため，経営者の対応策まで提示させ，評価することは困難な場合が多いと考えられます。また，客観的にみて，継続企業を前提として期中財務諸表を作成することが不適切な場合もあり得ますし，その場合に，継続企業を前提とした期中財務諸表の開示がなされれば，否定的結論を表明することになりますが，これらは期中レビュー基準の一般的な対応に従うことになり，「継続企業の前提」の項では規定していません。

　以上から，継続企業の前提に関わる結論の表明をまとめれば，前ページの**図表13-5**のようになります。

11 特別目的の期中財務諸表の期中レビュー

⑴　適正性と準拠性

　この章の最初に述べたように，2023年施行の金融商品取引法で，従来の四半期財務諸表制度は廃止され，中間財務諸表だけが義務化されることになりました。

　しかし，これにより，企業内容の開示が後退するという事態だけは避けねばならず，そのために，従来から証券取引所が上場会社に開示を求めてきた決算短信の開示内容を拡充し，かつ監査人による第一四半期と第三四半期の決算短信中の財務諸表のレビューは，要注意企業として証券取引所が強制するとき以外は任意化することになりました。

　任意化したとはいえ，決算短信中の財務諸表に対する監査人のレビューへのニーズはあることから，「期中レビュー基準」は，このレビュー業務に対する基準も示すことになりました。これを特別な利用目的の期中財務諸表に対する期中レビューといいます（**図表13-6**）。

| 図表13-6 | 期中レビュー基準における期中財務諸表の種類と結論の関係 |

作成目的	一般目的の期中財務諸表 一般に公正妥当と認められる企業会計の基準に準拠して作成された期中財務諸表 （半期報告書の中間財務諸表）	特別目的の期中財務諸表 特定の利用目的に適合した会計の基準に準拠して作成された期中財務諸表 （証券取引所決算短信の期中財務諸表など）
結論表明	適正性に関する結論 当該期中財務諸表が，その作成に当たって適用された企業会計の基準に準拠して，企業の財政状態，経営成績及びキャッシュ・フローの状況を適正に表示していないと信じさせる事項が全ての重要な点において認められなかったかどうか	準拠性に関する結論 当該期中財務諸表が，その作成に当たって適用された会計の基準（その基準が受け入れ可能かどうかは監査人が判断）に準拠して作成されていないと信じさせる事項が全ての重要な点において認められなかったかどうか

＊なお，準拠性に関する結論を表明する場合であっても，証券取引所の決算短信の財務諸表に対しては，後発事象と企業の継続性に関わるリスク情報の注記は求められるので，監査人は，質問等で，それらの注記が必要かどうかを確かめ，注記が必要にも関わらず，注記がなければ，準拠性に反しているものと判断する。
（金融庁が企業会計審議会の会議資料として作成した図を参考にして筆者（山浦）作成した。）

　「特別」という意味は，法律が要求する期中財務諸表としての中間財務諸表が一般の利用者の利用目的に適合するために，一般に公正妥当と認められる企業会計の基準に準拠して作成される，という「一般目的」の財務諸表であることに対して，決算短信中の期中財務諸表は証券取引所の要求に沿った，特別な基準に準拠して作成されるものであるという点にあります。

したがって，同じ期中レビューであっても，中間財務諸表に対しては，監査人は，その適正表示について，単に会計の基準への準拠性だけでなく，利用者が企業の財政状態や経営成績等を理解するに当たって適切に表示されていないと信じさせる事項が全ての重要な点において認められなかったかどうかについて，「一歩離れて」（stand back）行う評価が含まれますが，決算短信の期中財務諸表に対するレビューは，その特別な作成基準に準拠して適正に作成されていないと信じさせる事項が全ての重要な点において認められなかったかどうか，つまり「準拠性」に対する結論が求められるのが一般的です。

ここで，「一般的」というのは，企業によっては，開示する第一四半期や第三四半期の財務諸表を，決算短信の形ではなく，中間財務諸表と同じ基準にしたがって，一般目的の財務諸表として作成する場合もありえるので，この場合は，その企業は通常の適正性の枠組みでの結論の表明を監査人に求めると考えられるからです。

ただし，監査人が結論に対して得る保証の水準は，適正性であっても，準拠性であっても，いずれの期中レビュー業務も同じで，また，このような特別目的の期中財務諸表の準拠性に対する結論を表明するレビュー業務は，本書第15章の「特別目的の財務諸表の監査」と同じ枠組みで構成されることになります。

⑵　**実施と報告**

監査人は，特別の利用目的に適合した会計の基準により作成される期中財務諸表の期中レビューに当たっては，その会計の基準が受入可能かどうかについて検討しなければなりません。そもそも，会計の基準が利用者の利用目的に適合していなかったり，利用者に誤解を与えるものであったりする場合には，監査人は，そのレビュー業務を受けてはならな

いからです。

　また，準拠性に関する結論を表明するためのレビュー手続は，適正性に関する結論を表明するために実施する手続と同じなので，期中レビュー基準が適用されます。

　次に，監査人が準拠性に関する結論を表明する場合には，作成された期中財務諸表が，その期中財務諸表の作成に当たって適用された会計の基準に準拠して作成されていないと信じさせる事項が全ての重要な点において認められなかったかどうかに関する結論を表明しなければなりませんが，準拠性に関する結論を表明する場合であっても，適正性に関する結論の表明を前提とした報告の基準に準じて行います。

　したがって，無限定の結論などの結論の種類や要件，さらに記載事項も同じです。

　ただし，準拠性に関する結論の表明であっても，継続企業の前提に関する情報の開示や後発事象については，その重要性に鑑み，適切な開示が行われているかどうかについて，追加の質問等で確認し，結論に反映し，追記情報として記載しなければなりませんし，決算短信の公表を求める証券取引所の規則でも，これらの情報開示を要求しています。

　また，追記情報として，監査人は，特別の利用目的に適合した会計の基準により作成される期中財務諸表に対する期中レビューであること，さらに，その会計の基準，期中財務諸表の作成の目的および想定される主な利用者の範囲を記載するとともに，その期中財務諸表は特別の利用目的に適合した会計の基準に準拠して作成されており，他の目的には適合しないことがある旨を記載しなければなりません。

　さらに，期中レビュー報告書が特定の者のみによる利用を想定しているため，そのレビュー報告書に配布，または利用の制限を付すことが適切であると考える場合には，その旨を記載しなければなりません。

第14章

内部統制監査

本 章 の 要 点

① 内部統制の目的は，⑴業務の有効性および効率性を高めること，⑵報告の信頼性を確保すること，⑶事業活動に関わる法令等の遵守を促進すること，⑷資産を保全することの4つです。

② これらの4つの目的を達成するために，経営者は，⑴統制環境，⑵リスクの評価と対応，⑶統制活動，⑷情報と伝達，⑸モニタリング，および⑹ITへの対応の6つの基本的要素が機能するようなプロセスを組み込んでいく必要があります。

③ 経営者は，内部統制を構築し，その有効性を評価し，その結果を内部統制報告書に記載して，開示します。

④ 内部統制監査の目的は，経営者の作成した内部統制報告書が，一般に公正妥当と認められる内部統制の評価の基準に準拠して，内部統制の有効性の評価結果をすべての重要な点において適正に表示しているかどうかについて，監査人自らが入手した監査証拠に基づいて判断した結果を意見として表明することにあります。

⑤ 監査人が内部統制監査報告書において表明する意見には，無限定適正意見，除外事項を付した限定付適正意見，不適正意見，意見の不表明の各パターンがあります。

1 内部統制監査の制度

　証券市場が市場としての機能を十分に発揮するためには，証券を発行する企業が財務情報を投資家に対して適正に開示することが何よりも大切です。しかし，たびたび発生する不正，不適正な開示の事例では，証券発行企業の経営者の責任と同時に，そもそも不正，不適正な財務報告を難しくする企業内部の管理体制，つまり財務報告に係る内部統制の整備と運用が重要であることが改めて認識されました。と同時に，これを企業側の自主的な取り組みに任せておいては，不正，不適正な財務報告事例は後を絶たないという強い危機意識も生まれました。

　こうして，平成20（2008）年4月1日施行の改正金融商品取引法により，企業の経営者に財務報告に係る内部統制を構築し，運用し，その有効性を評価し，この結果を内部統制報告書に記して開示させ，その開示内容の適否に関して，財務諸表の監査人に監査させるという制度ができたのです。

　すなわち，金融商品取引法は，有価証券報告書の提出会社のうち，上場会社の経営者に，財務計算に関する書類その他の情報の適正性を確保するための体制（財務報告の適正性を確保するための内部統制）を整備し，それを自ら評価した報告書（内部統制報告書）を有価証券報告書と併せて内閣総理大臣に提出しなければならないこととしました（金融商品取引法第24条の4の4）。また，その内部統制報告書については，有価証券報告書に含める財務諸表の監査にあたる公認会計士または監査法人の監査証明を受けなければならないこととしました（同法第193条の2第2項，図表14-1を参照）。

　その後，経営者による内部統制の整備を会社法も義務化したため，内

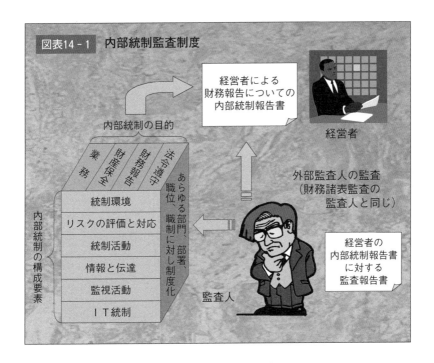

図表14-1　内部統制監査制度

部統制の重要性に対する社会的理解も進みました。しかし，経営者による内部統制の整備や評価，さらには監査人による内部統制報告書の監査も形骸化しているとの批判も多く，これらの制度の実効性が課題として挙げられてきました。

　他方，近年，持続可能（サステナブル）な社会を目指す上で，企業にも一定の責任があるとの観点から，このような社会的責任を果たしながら，同時に，事業的成長を遂げるためには，適切なコーポレート・ガバナンスと事業全体のリスク管理が不可欠であるとの認識が定着してきました。

　このような理解の中，コーポレート・ガバナンスとリスク管理の機能を支えるには有効な内部統制が欠かせず，改めて，内部統制の経営者評

価と監査人監査の制度を強化するという方向性が政府により示されました。

その結果，これまで内部統制に対する経営者の評価と監査人による監査の指針としてきた「財務報告に係る内部統制の評価及び監査の基準」（以下，基準）が改訂され，令和6（2024）年4月1日以降に開始する事業年度から適用されることになりました。

2 内部統制の基本的枠組み

内部統制は，(1)業務の有効性および効率性を高めること，(2)報告の信頼性を確保すること，(3)事業活動に関わる法令等の遵守を促進すること，(4)資産を保全することの4つの目的をもちます。

このうち，(2)の「報告の信頼性」は，旧基準では「財務報告の信頼性」と規定されていましたが，サステナビリティ情報などの非財務情報の重要性も増している中で，内部統制の基本的な目的を「財務情報」だけに限るのは適当ではないという判断から改訂されました。ただし，経営者による内部統制報告書と監査人による監査は，現時点では，「財務報告の信頼性」に限定しています。

これらの4つの目的を達成するために，経営者は，以下の内部統制の基本的要素が機能するようなプロセスを組織内に具体的に組み込んでいく必要があります。

内部統制の基本的要素とは，(1)統制環境，(2)リスクの評価と対応，(3)統制活動，(4)情報と伝達，(5)モニタリング，および(6) ITへの対応の6つです。

もっとも，経営者による内部統制報告とその監査は，財務報告の信頼

性に関する内部統制を対象にしたものですので，上記の内部統制の目的と基本的要素のうち，ここでは財務報告の信頼性に関する部分を理解することにしましょう。

統制環境： 経営者の誠実性や倫理観から始まり，経営方針や戦略，取締役会等の有する機能など，内部統制の土台部分です。財務報告の信頼性に関しては，適正な財務報告を確保するための全社的な方針や手続が示され，適切に整備および運用されていること，適正な財務報告についての意向等の表明およびこれを実現していくための方針・原則等が設定され，適切な組織構造が構築されていることなどが挙げられます。

リスクの評価と対応： 組織目標の達成を阻害する要因をリスクとして識別，分析および評価し，それらのリスクへの適切な対応を行う一連のプロセスをいいます。財務報告の信頼性に関しては，財務報告の重要な事項に虚偽記載が発生するリスクが識別され，分析され，適切な評価および対応がなされることが重要です。

統制活動： 経営者の命令や指示が適切に実行されることを確保するために定める方針や手続ですが，これには権限や職責の付与，職務の分掌等の広範な方針や手続が含まれます。財務報告の信頼性に関しては，財務報告の重要な事項に虚偽記載が発生するリスクを低減するための体制が適切に整備および運用されていることが重要で，そのために，明確な職務の分掌，内部牽制，継続記録，さらに適時の実地検査等の物理的な資産管理の活動等を整備し，これを組織内の各レベルで適切に分析し，監視していくことが重要になります。

情報と伝達： 必要な情報が識別，把握，そして処理され，組織内外の関係者相互に正しく伝えられることを確保することをいいます。財務報告の信頼性に関しては，財務報告の中核をなす会計情報につ

き，経済活動を適切に，認識，測定し，会計処理するための一連の会計システムを構築し，また，このような会計情報を適時かつ適切に組織内外の関係者に正しく理解されるように伝達するシステムを確保することが挙げられます。

モニタリング ： 内部統制が有効に機能していることを継続的に評価するプロセスをいいます。財務報告の信頼性に関しては，日常的モニタリングとして，各業務部門において帳簿記録と実際の製造・在庫または販売数量等との照合を行うことや，定期的に実施される棚卸手続において在庫の残高の正確性と網羅性を関連業務担当者が監視することなどが挙げられます。また，内部監査部門や監査役等が財務報告の一部または全体の信頼性を検証するために行う会計監査なども重要です。

IT への対応 ： 組織目標を達成するために予め適切な方針と手続を定め，それを踏まえて，業務の実施において組織の内外の IT に対し適時かつ適切に対応することをいいます。財務報告の信頼性に関しては，財務報告プロセスに重要な影響を及ぼす IT 環境への対応と，財務報告プロセス自体に組み込まれた IT の利用と統制を適切に考慮し，財務報告の信頼性を担保するために必要な内部統制の基本的要素を整備することが必要になります。

なお，内部統制には，(1)判断の誤り，不注意，複数の担当者による共謀によって有効に機能しなくなる場合がある，(2)当初想定していなかった組織内外の環境の変化や非定型的な取引等には，必ずしも対応しない場合がある，(3)内部統制の整備および運用に際しては費用と便益との比較衡量（たとえば，企業規模が小さい場合には，人員や手続の整備に費用をかけられないし，その必要もない場合がある）が求められる，(4)経

営者が不当な目的の為に内部統制を無視または無効にすることがある，といった固有の限界があります。

　しかし，これらの限界も，上記の基本的要素が組織内に組み込まれれば，互いに補完し合って緩和され，内部統制の目的を合理的な範囲で達成することになるでしょう。

　さらに，基準では，企業組織内で内部統制に最終的に責任を持つのは経営者であり，組織の全ての活動について最終的な責任を有していること，取締役会は，内部統制の整備，運用に係る基本方針を決定し，経営者に対する監督責任を有していること，監査役等は独立した立場から，内部統制の整備，運用状況を監視，検証する役割と責任を有していることが明記されています。

　そのうえで，基準は，内部統制が組織の持続的な成長のために必要不可欠なものであり，ガバナンスや全組織的なリスク管理と一体的に整備，運用されることが重要であるとしていますが，これは，内部統制が，単に財務報告の信頼性を担保するだけの仕組みではないという意味なのです。

3 経営者による内部統制の評価

　経営者は，財務報告の信頼性に及ぼす影響の重要性の観点から必要と考えられる範囲で内部統制の有効性の評価を行わなければなりません。

　その有効性の評価に当たっては，財務報告に対する金額的，質的影響の重要性を考慮し，財務諸表の表示および開示，企業活動を構成する事業または業務，財務報告の基礎となる取引または事象，主要な業務プロセスといった事項について，合理的に評価の範囲を決定し，その評価の

範囲に関する決定方法や根拠等を適切に記録しなければなりません。

　たとえば，財務諸表の表示および開示という事項については，財務諸表における勘定科目ごとに，金額的影響の重要性の観点から一定金額を設定し，また質的影響の重要性の観点から，評価の範囲に必ず含める勘定科目を決定するといったことです。

　なお，これらの決定に当たっては，経営者は監査人と協議しておくのが適当だとされます。経営者による内部統制の評価範囲は，監査人の内部統制監査，さらには財務諸表の監査にも大きく関わるからです。

　これらを決定した後，経営者は**図表14-2**に示した手順で内部統制の評価をしていきます。

4 内部統制報告書

　経営者は，内部統制の有効性の評価を踏まえて内部統制報告書を作成します。その記載事項は，つぎのとおりです。

① 　整備および運用に関する事項（責任を有する者の氏名，内部統制の整備と運用にあたって準拠した内部統制の枠組み，内部統制の固有の限界など）

② 　評価の範囲（範囲の決定方法や根拠など），評価時点および評価手続（内部統制の評価の基準に準拠した旨など）

③ 　評価結果

④ 　付記事項（財務報告に係る内部統制の有効性の評価に重要な影響を及ぼす後発事象，期末日後に実施した開示すべき重要な不備に対する是正措置，前年度に開示すべき重要な不備を報告した場合，当該不備に対する是正状況）

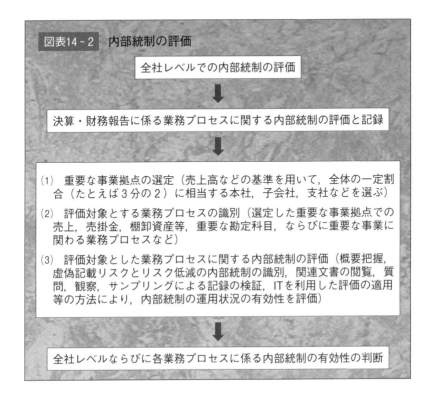

図表14-2　内部統制の評価

全社レベルでの内部統制の評価

決算・財務報告に係る業務プロセスに関する内部統制の評価と記録

(1)　重要な事業拠点の選定（売上高などの基準を用いて，全体の一定割合（たとえば3分の2）に相当する本社，子会社，支社などを選ぶ）

(2)　評価対象とする業務プロセスの識別（選定した重要な事業拠点での売上，売掛金，棚卸資産等，重要な勘定科目，ならびに重要な事業に関わる業務プロセスなど）

(3)　評価対象とした業務プロセスに関する内部統制の評価（概要把握，虚偽記載リスクとリスク低減の内部統制の識別，関連文書の閲覧，質問，観察，サンプリングによる記録の検証，ITを利用した評価の適用等の方法により，内部統制の運用状況の有効性を評価）

全社レベルならびに各業務プロセスに係る内部統制の有効性の判断

　このうち，評価結果の表明については，つぎのようなパターンがあります。

　①　財務報告に係る内部統制は有効である旨

　②　評価手続の一部が実施できなかったが，財務報告に係る内部統制は有効である旨，ならびに実施できなかった評価手続およびその理由

　③　開示すべき重要な不備があり，財務報告に係る内部統制は有効でない旨，ならびにその開示すべき重要な不備の内容およびそれが是正されない理由

④　重要な評価手続が実施できなかったため，財務報告に係る内部統制の評価結果を表明できない旨，ならびに実施できなかった評価手続およびその理由

　以上の記載事項のうち，「開示すべき重要な不備」とは，「財務報告に重要な影響を及ぼす可能性が高い」内部統制の不備をいいますが，基本的には，財務報告に虚偽記載が発生する可能性と，その金額的あるいは質的な影響の大きさから判断されるものです。

5　内部統制監査

⑴　内部統制監査の目的

　平成17(2005)年12月に，企業会計審議会は「財務報告に係る内部統制の評価及び監査の基準のあり方について」と題する報告書を公表したのですが，そこでは，上場会社の経営者に対して財務報告に関係する内部統制の整備と運用の充実を促す目的で，経営者に自分が経営する会社の内部統制を自己評価させ，その結果を内部統制報告書に記載し，これを企業が公表する財務諸表に添付する形で公表することを求めています。それと同時に，財務諸表の監査人に対して，その内部統制報告書の信頼性について，内部統制監査報告書の添付を求めるものです。これを内部統制監査といい，この仕組みは，**図表14-3**のようになります。

　監査人は，第8章で述べたように，財務諸表を監査する目的で内部統制のリスク評価を行いますが，あわせて，経営者が財務報告に関する内部統制の整備状況と有効性を自ら評価し，その結果を述べる内部統制報告書について，監査人に意見を求める制度です。その意見は，経営者の

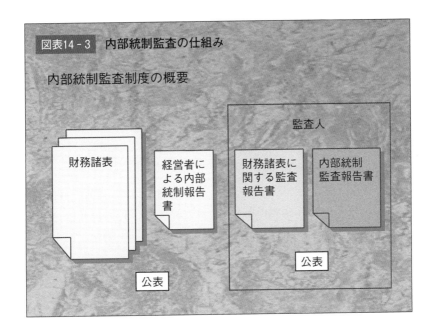

図表14-3　内部統制監査の仕組み

内部統制監査制度の概要

財務諸表

経営者による内部統制報告書

監査人

財務諸表に関する監査報告書

内部統制監査報告書

公表

公表

　内部統制報告書が，一般に公正妥当と認められる内部統制の評価の基準に準拠して，内部統制の有効性の評価結果を全ての重要な点において適正に表示しているかどうかについて，監査人自らが入手した監査証拠に基づいて判断した結果を表明するものです。その意見書を内部統制監査報告書というのですが，書式は，財務諸表監査における監査報告書と変わらず，監査人の意見にも，適正意見の他に，限定意見や不適正意見，さらには意見不表明があります。

　企業の経営者は，内部統制を整備し，適切な経営を行い，信頼できる財務報告をすることを会社法でも求められていますし，この経営者の義務を，さらに確実に履行してもらうために，有価証券報告書を提出する上場会社などの金融商品取引法の適用会社に特別に要求される制度です。

⑵　内部統制監査の手順

内部統制監査を実施する手順は**図表14 - 4**に示すとおりです。

① 監査計画の策定

　監査人は，企業の置かれた環境や事業の特性等を踏まえて，経営者による内部統制の整備および運用状況ならびに評価の状況を十分に理解し，監査上の重要性を勘案して監査計画を策定します。

② 評価範囲の妥当性の検討

　監査人は，経営者が決定した内部統制の評価の範囲の妥当性を判断するために，経営者がその範囲を決定した方法と根拠の合理性を検討します。

　この検討にあたっては，財務諸表監査の実施過程において入手して

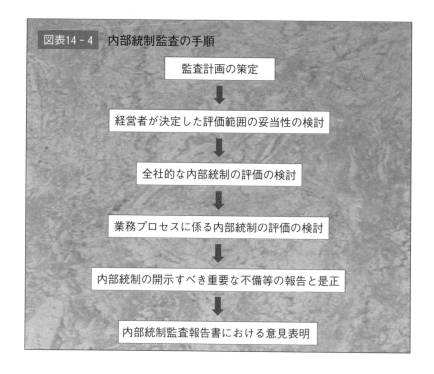

図表14 - 4　内部統制監査の手順

監査計画の策定

↓

経営者が決定した評価範囲の妥当性の検討

↓

全社的な内部統制の評価の検討

↓

業務プロセスに係る内部統制の評価の検討

↓

内部統制の開示すべき重要な不備等の報告と是正

↓

内部統制監査報告書における意見表明

いる監査証拠も必要に応じて，活用することが適切であるとされます。

③　**全社的な内部統制の評価の検討**

　監査人は，経営者による全社的な内部統制の評価の妥当性について検討します。監査人は，この検討にあたって，取締役会，監査役等（監査役，監査役会，監査等委員会または監査委員会をいう），内部監査等，全社レベルにおける内部統制の整備と運用状況について十分に考慮しなければなりません。

④　**業務プロセスに係る内部統制の評価の検討**

　監査人は，経営者による業務プロセスに係る内部統制の評価の妥当性について検討します。監査人は，この検討にあたって業務プロセスを十分に理解したうえで，経営者が統制上の要点を適切に選定しているかを評価しなければなりません。

⑤　**内部統制の開示すべき重要な不備等の報告と是正**

　監査人は，内部統制監査の実施において内部統制の開示すべき重要な不備を発見した場合には，経営者に報告して是正を求めるとともに，その重要な不備の是正状況を適時に検討しなければなりません。また，監査人は，その重要な不備の内容と是正結果を取締役会，監査役等に報告し，さらに内部統制監査の結果について，経営者，取締役会，監査役等に報告しなければなりません。

　また，財務諸表監査の過程で識別された内部統制の不備には，経営者による内部統制評価の範囲外のものが含まれることがありますが，監査人は，その不備について内部統制報告制度における内部統制の評価範囲および評価に及ぼす影響を十分に考慮し，また，必要に応じて，経営者と協議しなければなりません。

⑥　**内部統制監査報告書における意見表明**

なお，監査人は，内部統制監査の実施において不正または法令に違反

する重大な事実を発見した場合には，経営者，取締役会，監査役等に報告して適切な対応を求めるとともに，内部統制の有効性に及ぼす影響の程度について検討しなければなりません。

(3) 内部統制監査報告書

　監査人は，内部統制監査報告書に無限定適正意見を表明する場合には，次の記載を行うものとします。

① 監査人の意見

ア．内部統制監査の範囲

イ．内部統制報告書における経営者の評価結果

ウ．内部統制報告書が一般に公正妥当と認められる内部統制の 評価の基準に準拠し，財務報告に係る内部統制の評価結果について，全ての重要な点において適正に表示していると認められること

② 意見の根拠

ア．内部統制監査に当たって，監査人が一般に公正妥当と認められる財務報告に係る内部統制の監査の基準に準拠して監査を実施したこと

イ．内部統制監査の結果として入手した監査証拠が意見表明の基礎を与える十分かつ適切なものであること

③ 経営者および監査役等の責任

ア．経営者には，財務報告に係る内部統制の整備および運用ならびに内部統制報告書の作成の責任があること

イ．監査役等には，財務報告に係る内部統制の整備および運用状況を監視，検証する責任があること

ウ．内部統制の固有の限界

④　監査人の責任

　　ア．内部統制監査を実施した監査人の責任は，独立の立場から 内部統制報告書に対する意見を表明することにあること

　　イ．財務報告に係る内部統制監査の基準は監査人に内部統制報告書には重要な虚偽表示がないことについて，合理的な保証を得ることを求めていること

　　ウ．内部統制監査は，内部統制報告書における財務報告に係る内部統制の評価結果に関して監査証拠を得るための手続を含むこと

　　エ．内部統制監査は，経営者が決定した評価範囲，評価手続および評価結果を含め全体としての内部統制報告書の表示を検討していること

　　オ．内部統制監査の監査手続の選択および適用は，監査人の判断によること

　また，通常の財務諸表監査と同じように，内部統制監査に関する監査人の意見表明においても，無限定適正意見の他に，除外事項を付した限定付適正意見，不適正意見，意見の不表明のパターンがあります。

　①　監査人は，経営者が決定した評価範囲，評価手続，および評価結果に関して不適切なものがあり，その影響が無限定適正意見を表明することができない程度に重要ではあるものの，内部統制報告書を全体として虚偽の表示にあたるとするほどではないと判断したときには，除外事項を付した限定付適正意見を表明します。この場合，意見の根拠の区分に除外した事項と財務諸表に及ぼす影響を記載します。

　②　監査人は，経営者が決定した評価範囲，評価手続，および評価結果に関して不適切なものがあり，その影響が内部統制報告書全体と

して虚偽の表示にあたるとするほどに重要であると判断した場合には，内部統制報告書が不適正である旨の意見を表明します。この場合，意見の根拠の区分に不適正である旨と理由，財務諸表に及ぼす影響を記載します。

③　監査人は，重要な監査手続を実施できなかったこと等により，無限定適正意見を表明することができない場合において，その影響が内部統制報告書全体に対する意見表明ができないほどではないと判断したときには，除外事項を付した限定付適正意見を表明します。この場合，意見の根拠の区分に実施できなかった監査手続等と財務諸表に及ぼす影響を別の区分で記載します。

④　監査人は，重要な監査手続を実施できなかったこと等により，内部統制報告書全体に対する意見表明のための基礎を得ることができなかったときは，意見を表明してはなりません。この場合，別に区分を設けて，意見を表明しない旨と理由，財務諸表に及ぼす影響を記載します。

　また，監査人は，強調したり，説明したりすることが適当と判断した事項については，内部統制監査報告書にそれらを「追記情報」として区分したうえで，情報として追記します。たとえば，経営者が内部統制報告書に内部統制の評価結果において内部統制が有効でないと記載している場合とか，財務報告に係る内部統制に開示すべき重要な不備の内容とそれが是正されない理由を記載している場合とか，内部統制の有効性の評価に重要な影響を及ぼす後発事象とか，期末日後に実施された是正措置などです。

　図表14-5は，日本公認会計士協会が示している，独立監査人の内部統制監査報告書（無限定適正意見の場合）のひな形です。

| 図表14-5 | 内部統制監査報告書 |

独立監査人の内部統制監査報告書

×年×月×日

○○株式会社
　　取締役会　御中

　　　　　　　　　　　○　○　監　査　法　人
　　　　　　　　　　　指　定　社　員　　公認会計士　○○○○　㊞
　　　　　　　　　　　業務執行社員
　　　　　　　　　　　指　定　社　員　　公認会計士　○○○○　㊞
　　　　　　　　　　　業務執行社員

監査意見

　当監査法人は，金融商品取引法第193条の2第2項の規定に基づく監査証明を行うため，○○株式会社の×年×月×日現在の○○株式会社の内部統制報告書について監査を行った。

　当監査法人は，○○株式会社が×年×月×日現在の財務報告に係る内部統制は有効であると表示した上記の内部統制報告書が，我が国において一般に公正妥当と認められる財務報告に係る内部統制の評価の基準に準拠して，財務報告に係る内部統制の評価結果について，全ての重要な点において適正に表示しているものと認める。

監査意見の根拠

　当監査法人は，我が国において一般に公正妥当と認められる財務報告に係る内部統制の監査の基準に準拠して内部統制監査を行った。財務報告に係る内部統制の監査の基準における当監査法人の責任は，「内部統制監査における監査人の責任」に記載されている。

　当監査法人は，我が国における職業倫理に関する規定に従って，会社及び連結子会社から独立しており，また，監査人としてのその他の倫理上の責任を果たしている。当監査法人は，意見表明の基礎となる十分かつ適切な監査証拠を入手したと判断している。

内部統制報告書に対する経営者並びに監査役及び監査役会の責任

　経営者の責任は，財務報告に係る内部統制を整備及び運用し，我が国において一般に公正妥当と認められる財務報告に係る内部統制の評価の基準に準拠して内部統制報告書を作成し適正に表示することにある。

　監査役及び監査役会の責任は，財務報告に係る内部統制の整備及び運用状況を

監視，検証することにある。なお，財務報告に係る内部統制により財務報告の虚偽の記載を完全には防止又は発見することができない可能性がある。

内部統制監査における監査人の責任

　監査人の責任は，監査人が実施した内部統制監査に基づいて，内部統制報告書に重要な虚偽表示がないかどうかについて合理的な保証を得て，内部統制監査報告書において独立の立場から内部統制報告書に対する意見を表明することにある。

　監査人は，我が国において一般に公正妥当と認められる財務報告に係る内部統制の監査の基準に従って，監査の過程を通じて，職業的専門家としての判断を行い，職業的懐疑心を保持して以下を実施する。

- 内部統制報告書における財務報告に係る内部統制の評価結果について監査証拠を入手するための監査手続を実施する。内部統制監査の監査手続は，監査人の判断により，財務報告の信頼性に及ぼす影響の重要性に基づいて選択及び適用される。
- 財務報告に係る内部統制の評価範囲，評価手続及び評価結果について経営者が行った記載を含め，全体としての内部統制報告書の表示を検討する。
- 内部統制報告書における財務報告に係る内部統制の評価結果に関する十分かつ適切な監査証拠を入手する。監査人は，内部統制報告書の監査に関する指示，監督及び実施に関して責任がある。監査人は，単独で監査意見に対して責任を負う。

（中　　略）

利害関係

　会社及び連結子会社と当監査法人又は業務執行社員との間には，公認会計士法の規定により記載すべき利害関係はない。

以　上

出典：日本公認会計士協会　財務報告内部統制監査基準報告書第1号（2023年最終改訂）（一部，省略）

第**15**章

特別目的の財務諸表の監査

本 章 の 要 点

① 監査基準の改訂により，「特別目的の財務諸表の監査」が監査基準に加わりました。これにより，従来の外部利害関係者への一般開示用の財務諸表の監査を「一般目的の財務諸表の監査」として区別します。

② 特別目的の財務諸表は，特定の利用者の利用目的に添うように，特定の会計基準や作成基準に基づいて作成される財務諸表で，これらの監査を「特別目的の財務諸表の監査」といいます。ただ，全体としての財務諸表の一部を構成する単独の財務表の監査やその中の特定の会計項目を監査する場合も含めます。

③ 監査人が特別目的の財務諸表についての監査意見を表明するにあたっては，適正性意見と準拠性意見とがありますが，多くの場合，当該財務諸表がその作成の目的に沿った会計の基準に準拠して作成されているかどうかについての意見，すなわち準拠性意見を表明します。

④ 「特別目的の財務諸表の監査」であっても，監査はリスク・アプローチをもとに実施され，また監査報告にあたっての限定事項と監査意見の関係は「一般目的の財務諸表の監査」の場合と変わりません。

⑤ 監査人は，「特別目的の財務諸表の監査」の監査報告書には，会計の基準，財務諸表の作成の目的および想定される主な利用者の範囲を追記情報として記載しなければならないとされています。

1 特別目的の財務諸表の監査とは

　2014年2月に「監査基準」（企業会計審議会）が改訂されて，第一「監査の目的」に「財務諸表が特別の利用目的に適合した会計の基準により作成される場合等には，当該財務諸表が会計の基準に準拠して作成されているかどうかについて，意見として表明することがある」という文言が追加され，特別目的の財務諸表の監査という監査業務が新たに明記されたものです。

　これは，従来，監査基準が，金融商品取引法や会社法の規定に基づいて不特定多数の人々や用途に向けて開示される財務諸表（これを一般目的の財務諸表といいます）を対象とする監査について設定されてきたのですが，特別の利用目的をもつ財務諸表に対する監査の要望が社会に増えてきたことを背景として新たに監査基準に組み込まれたものです。

　この点を，監査基準の前文では，「近時，公認会計士に対して，特定のニーズを満たすべく特別の利用目的に適合した会計の基準に準拠して作成された財務諸表（以下「特別目的の財務諸表」という。）に対しても，監査という形で信頼性の担保を求めたい，との要請が高まってきている」ことから，この新たな基準が設けられたと説明しています。

　特別目的の財務諸表とは，通常，特定の利用者の特別のニーズに基づいて作成者が作成する財務諸表です。たとえば，銀行がある企業への融資の条件として，銀行が指定する様式のキャッシュ・フロー計算書を求め，貸借対照表や損益計算書にも特別な附属明細書を作成することを要求し，しかも監査報告を添付することに企業が応じたとすれば，特別目的の財務諸表に対する監査のニーズが生まれます。

　他にも，財団法人や社団法人の財務諸表，政府系特殊法人の所管官庁

への財務諸表など，さまざまな分野で特別目的の財務諸表が作成され，それらに対する監査のニーズも生まれてきています。

　また，災害義捐金の収支計算報告書とかの財務表単体の監査も特別目的の財務諸表の監査の範囲に含めています。さらに，たとえば，ロイヤリティ使用料の算定の基礎として，ロイヤリティの提供者側が利用者側の売上高の一定パーセントを受け取る契約になっている場合，提供者側は利用者側の財務諸表を構成する損益計算書のうちロイヤリティ使用商品と非使用商品を区分した売上高表示についてだけ監査報告を求めるというように，特定の財務諸表項目のみの監査も特別目的の財務諸表の監査の一形態となります。

　したがって，これらを監査業務として監査基準の枠組みに含めることによって，国内での監査業務の範囲が大きく拡大することが期待されますし，また国際的にも各種の分野への監査業務のニーズが広がり，これを受けて国際監査基準ではすでに基準化され，日本公認会計士協会もわが国の監査基準での対応を求めてきた経緯がありますので，わが国の監査基準の国際化という点からも意味があります。

2 適正性意見と準拠性意見

　一般目的の財務諸表の監査の場合，財務諸表が一般に公正妥当と認められる企業会計の基準に準拠して適正に表示されているかどうかの判断にあたっては，経営者が採用した会計方針が，企業会計の基準に準拠して継続的に適用されているかどうかのみならず，その選択および適用方法が会計事象や取引を適切に反映するものであるかどうか，さらに財務諸表の表示方法が適切であるかどうかについても評価しなければならな

いとされ，そのうえで財務諸表が全ての重要な点において適正に表示されているという監査意見，すなわち適正性意見を表明することになります。

　つまり，適正性意見の表明にあたっては，財務諸表が単純に基準等に準拠して作成されているかどうかだけではなく，全体として適正に表示されているかどうかを実質的に判断することが求められているのです。この判断の特色は，財務諸表の利用者が財政状態や経営成績等を理解するにあたって財務諸表が全体として適切に表示されているか否かについての「一歩離れて行う評価」（stand back）が含まれている点にあるとされます。

　しかし，特別目的の財務諸表の場合，一般目的の財務諸表とは異なり利用目的や利用者が限定されています。また，監査対象の財務諸表に関する会計基準や作成基準は，一般目的の財務諸表の場合のように広く承認されたり，法令等で決められたりするものではなく，利用者と作成者との合意で決められることが多いものと考えられます。

　したがって，特別目的の財務諸表については全体として適切に表示されているかどうかを監査人が判断する目安となる基準とか，財務諸表本体の表示内容を補足する追加的な開示要請の規定とか，適正表示に関する一般化された事例とか監査人の経験とかが少なく，そのために監査意見を表明するにあたっては，適正表示に関して実質的な判断に基づく意見を表明することが妥当でない場合が多いものと考えられます。つまり，「一歩離れて行う評価」が行われにくい条件下にある場合が多いという点に特色があります。

　そこで，監査基準は，監査人が特別目的の財務諸表についての監査意見を表明するにあたっては，当該財務諸表がその作成の基礎になった会計の基準に準拠して作成されているかどうかについてだけの意見，すな

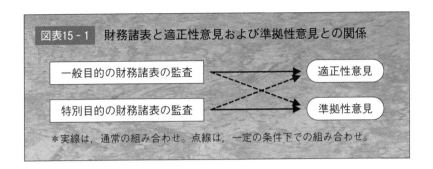

図表15-1　財務諸表と適正性意見および準拠性意見との関係

一般目的の財務諸表の監査　→　適正性意見

特別目的の財務諸表の監査　→　準拠性意見

＊実線は，通常の組み合わせ。点線は，一定の条件下での組み合わせ。

わち準拠性意見を表明する場合が多いという理解のうえで基準が設定されています。

　もちろん，準拠性監査も監査業務の1つですから，特別目的の財務諸表に対する準拠性意見の前提には，当該財務諸表には重要な虚偽の表示がないことの合理的な保証を得たという監査人の判断が含まれていることは言うまでもありません。

　なお，特別目的の財務諸表の監査の全てが準拠性意見を表明することになるわけではありません。当該財務諸表の適正表示に関して監査人が実質的な判断ができる条件がそろい，監査契約の当事者間で合意できる場合は，適正性意見を表明することも可能です。

　また，一般目的の財務諸表の監査であっても，法令等で一部の財務情報の省略化や簡略化が容認され，作成者がこれらの容認規定に沿って財務諸表を作成している場合において，実質判断に基づく適正性意見を表明できる条件が満たされていないと監査人が判断する場合には，準拠性に関する意見を表明することが適当な場合もあります。

　以上の関係を図表15-1に示しています。

3 監査の実施

　前述のように，特別目的の財務諸表の監査で，準拠性に関する意見の表明の場合であっても，適正性に関する意見の表明の場合と同様に，財務諸表には重要な虚偽の表示がないことの合理的な保証を得たという監査人の判断が含まれています。つまり，リスク・アプローチに基づく監査を実施し，監査リスクを合理的に低い水準に抑えたうえで，自己の意見を形成するに足る基礎を得なければなりません。ということは，監査基準の「第三　実施基準」に従った監査を実施することが前提であることを意味します。

　このことは，財務諸表に対する監査意見を表明する場合のほか，財務諸表を構成する貸借対照表等の個別の財務表や個別の財務諸表項目等に対する監査意見を表明する場合についても，意見を表明するために必要な範囲で，内部統制を含む，企業および企業環境を理解し，これらに内在する事業上のリスク等が重要な虚偽の表示をもたらす可能性を考慮しなければならないことを意味します。

　さらに，特別目的の財務諸表には多種多様な財務諸表が想定されますので，それらの会計の基準が利用者の誤解を招いたりすることがないという意味での受入可能なものかどうかを監査人自身が判断することが必要だとして，実施基準の基本原則において，「監査人は，特別の利用目的に適合した会計の基準により作成される財務諸表の監査に当たっては，当該会計の基準が受入可能かどうかについて検討しなければならない」と規定しています。

　以上のことは，監査基準の前文にあえて記載され，監査基準にも反映されているのですが，その理由は，特別目的の財務諸表の監査が，使い

方を間違えると安易な監査業務の依頼や受嘱につながり，ひいては，本来，監査基準が規定している一般目的の財務諸表の監査の信頼性を崩壊させる原因ともなりかねないからです。

　たとえば，特別目的の財務諸表の監査の場合は，特定の利用者と作成者と監査人との間で合意される契約となることが多いのですが，財務諸表の利用者の範囲も狭いために，財務諸表の利用の効果に鑑みて監査報酬が高ければ，監査業務の依頼者も少なくなるでしょう。監査人としても，特定目的の財務諸表とか，個別の財務表とか，財務諸表の一部の項目とかについて，それらが一定の基準に準拠しているかどうかを検討するだけの業務だと判断して，低廉に受嘱し，安易に監査報告をしてしまうかもしれません。

　そのような事態は，結局，監査業務の中でも社会的に最も重要な一般目的の財務諸表の監査に対する社会からの信認にはね返る可能性を意味します。監査人は，特別目的の財務諸表の監査を実施する際に，一方で監査業務の拡大につながる可能性を秘めながら，他方で，監査への社会の信認を失う可能性をもつ「両刃の剣」であることをしっかりと受け止めて業務に従事することが求められます。

4　監査報告

　特別目的の財務諸表の監査の場合，監査報告の書式は，監査対象となる財務諸表，個別の財務表，あるいは財務諸表の一部の項目とかの種類によって異なりますが，全体を構成するひと組の財務諸表について適正性に関する意見表明を行う場合は，一般目的の財務諸表の監査の場合と同じです。

すなわち，監査人は，経営者の作成した財務諸表が，一般に公正妥当と認められる企業会計の基準に準拠して，企業の財政状態，経営成績およびキャッシュ・フローの状況をすべての重要な点において適正に表示しているかどうかについての意見を表明しなければならないとされます（監査基準，第四　報告基準，一　基本原則１）。したがって，監査意見に関する除外事項の記載や監査範囲に関する除外事項の記載など，全てが同じです。

　また，監査基準では，監査人が準拠性に関する意見を表明する場合においても，「作成された財務諸表が，全ての重要な点において，財務諸表の作成に当たって適用された会計の基準に準拠して作成されているかどうかについての意見を表明しなければならない」とされ，さらに，適正性に関する意見の表明を前提とした報告の各基準に準じて行うものとすると規定されている（監査基準，同）だけですから，今後，日本公認会計士協会の実務指針で，種々の監査対象のパターンごとに監査報告の書式が明らかにされることになるでしょう。

　なお，このように，監査基準では準拠性意見の表明について改めて規定せず，適正性意見の表明に関する報告基準に準じるとしているために，監査対象の財務諸表の利用者に，通常の適正性意見表明の場合と同じと誤解されるおそれが出てきます。

　この問題を避けるために，監査基準は，報告基準において，「特別目的の財務諸表に対する監査の場合の追記情報」という新たな項を設け，監査人は，特別の利用目的に適合した会計の基準により作成される財務諸表に対する監査報告書には，会計の基準，財務諸表の作成の目的および想定される主な利用者の範囲を記載するとともに，当該財務諸表は特別の利用目的に適合した会計の基準に準拠して作成されており，他の目的には適合しないことがある旨を記載しなければならないとしています。

　さらに，監査人が，監査報告書が特定の者のみによる利用を想定しており，当該監査報告書に配布または利用の制限を付すことが適切であると考える場合には，その旨を記載しなければならないとしています。

　これらは，特別目的の財務諸表が，特定の利用者と特定の利用目的に限定して配布されるものであり，監査報告書も限定された範囲で読まれるものであることを明示することで責任を限定しようとするのです。

　以上，特別目的の財務諸表の監査について解説してきましたが，この監査業務は，今後，種々の分野で展開されてくるでしょう。しかし，前述したように，監査人が安易に監査業務を受嘱すると，一般目的の財務諸表の監査の社会的な信認にも影響しますので，監査人は注意しなければなりません。とくに，「準拠性意見」という新しい監査意見に財務諸表の利用者だけでなく，監査人自身も慣れていないなかで，適正性意見との違いをどのように理解してもらうのかという点は大きな課題だといえます。

第16章

監査の品質管理

本 章 の 要 点

① 品質の高い会計監査とは，つまるところ，不正あるいは不適切な会計を見逃さず，的確な監査報告をする監査です。ただ，残念なことに，品質の高い監査かどうかは，監査報告を読んだだけではわかりません。そこで，監査の品質管理基準が必要となりました。

② 品質管理基準は，財務諸表の監査を実施する監査事務所および監査チームに，監査業務の質を合理的に確保させることを目的としています。

③ 品質管理基準は，品質管理システムの項目ごとに監査の品質を脅かすリスクを明らかにし，そのリスクが現実化することを抑えて品質管理を行うというリスク・アプローチをとっています。

④ 品質管理基準は，(1)監査事務所のリスク評価プロセス，(2)ガバナンスおよびリーダーシップ，(3)職業倫理および独立性，(4)監査契約の新規の締結および更新，(5)業務の実施，(6)監査事務所の業務運営に関する資源，(7)情報と伝達，(8)品質管理システムのモニタリングおよび改善プロセス，(9)監査事務所間の引継，といった品質管理システムの項目ごとに規定を設けています。

1 監査の品質管理の意味

　監査という業務は，物品の売買ではなく，サービスを提供する業務です。物品と同じく，サービス業務にも高品質のものとそうでないものがありますが，監査も同じです。品質の高い監査とは，不正あるいは不適切な会計を見逃さず，的確な監査報告をする監査です。

　ただ，残念なことに，品質の高い監査かどうかは，監査報告を読んだだけではわかりません。監査の結果は監査報告書という一枚の紙に記載され，その多くが，定型的な無限定適正意見報告書だからです。

　品質の高い監査であれば，被監査企業の不適切な会計を見破り，財務諸表を訂正させ，結果として，無限定適正意見を表明し，訂正がなければ限定付きか不適正意見を表明します。逆に，低品質の監査であっても，不適切な会計を見落として，無限定適正意見を表明しているのかもしれません。しかし，監査報告書の読み手には，いずれの場合も区別がつきません。

　それだけに，大きな企業が，長年続けた粉飾決算のために倒産等の事態に直面するなどしたときに，過去の監査が間違っていたことが判明すると，その企業の監査だけでなく，監査一般に対する不信感が一気に広がり，資本市場を混乱させる要因となります。

　実は，現代社会はこうした経験を何度か繰り返してきているので，同じような事態を生まないようにするために，監査の品質管理のための基準（以下，品質管理基準）が設定され，監査人の側に遵守を求めることになりました。これがあれば，監査報告書の読み手も監査の品質について，理解できます。

　しかも，この基準は国際的に共通のものが求められます。なぜなら，

監査基準と同様に品質管理基準も，国によって精度のバラツキがあれば，精度の高い国と低い国との資本市場に対する投資家の信認の程度に影響するからです。

　当然，わが国も，国際的な品質管理基準に沿った最初の基準として，平成17（2005）年に，「監査に関する品質管理基準」が設定され，その後，国際的な動向，社会の変化に合わせて，令和3（2021）年に改訂されました。

2 品質管理基準の目的と考え方

　品質管理基準の目的は，財務諸表の監査を実施する監査事務所（個人事務所や監査法人）および監査チーム（監査実施の責任者と監査業務に従事する補助者が基本ですが，ネットワーク内外で監査手続に関与する者も含まれます）に，監査業務の質を合理的に確保することを求めるもので，あくまでも監査基準と一体となって適用されることを前提にしています。

　ここで，監査基準と一体となる，という意味は，監査基準の一般基準6と7で規定する品質管理に関する基準だけを指すのではなく，監査基準全般で求める監査業務の品質水準を維持，確保することを意味するものと考えられます。

　そのうえで，監査事務所自らが，品質管理システムの項目ごとに達成すべき品質目標を設定し，その品質目標の達成を阻害するリスクを識別して評価を行い，評価したリスクに対処するための方針または手続を定め，これを実施するという，リスク・アプローチに基づく品質管理システムを導入することとしています（前文，二　主な改訂点とその考え方）。

品質管理のリスク・アプローチとは，品質の確保を阻害するリスク要因を洗い出して，そのリスクが現実化しないようにする措置を取ることで，結果的に，品質管理に結び付くという考え方です。

　たとえば，新規の監査契約であれば，監査人は被監査企業に精通していないために，より入念なパイロット（事前）調査が必要になります。また，被監査企業がIT企業であれば，ITに詳しい監査スタッフに交代させるか補充するかの対応により，監査の失敗を可能な限り避ける措置が必要でしょう。

　このように，監査の品質を損なう可能性のあるリスク事項を特定し，このリスクが監査の品質にどのような影響を与えるかを評価し，重大な影響を与えるリスクは監査資源を投入して徹底的に抑え込み，軽微なものは，注意を払う程度にして，監査全体の品質を合理的な水準で担保するという考え方をとっています。そのために，新しい品質管理基準は，監査の品質を統制（control）するというよりは，次に述べる品質管理システムを運営管理（management）する基準だといわれます。

　なお，中小監査事務所が多いのは，わが国の監査業界の特徴とされますが，当然に，品質管理基準の要求事項を満たしえない事態も出てきます。そこで，基準の前文では，自主規制機関としての日本公認会計士協会の品質管理レビューとか，行政機関としての公認会計士・監査審査会の検査などによる支援や指導が欠かせないと述べています。

3 品質管理システム

　ここで，品質管理システムというのは，監査事務所が，監査業務の品質を主体的に管理し，合理的に確保するために，一定の方針を定め，整

備し，運用する，組織や手続や責任の制度のことを指します。**図表
16 - 1**で，その仕組みをまとめています。

　品質管理システムは，(1)監査事務所のリスク評価プロセス，(2)ガバナ
ンスおよびリーダーシップ，(3)職業倫理および独立性，(4)監査契約の新
規の締結および更新，(5)業務の実施，(6)監査事務所の業務運営に関する
資源，(7)情報と伝達，(8)品質管理システムのモニタリングおよび改善プ
ロセス，(9)監査事務所間の引継，といった項目で有効に機能するシステ
ムであることが求められますが，監査事務所の方針，業務の内容，状況，
性質，規模などを考慮して，監査事務所で主体的に決定されるものです
(第三　品質管理システムの構成)。

　そして，品質管理システムの整備，運用，ならびにモニタリングと改
善プロセスについての各責任者を明確にし，また，個々の監査業務につ
いては，監査実施の責任者が品質管理に責任を負います。そのうえで，

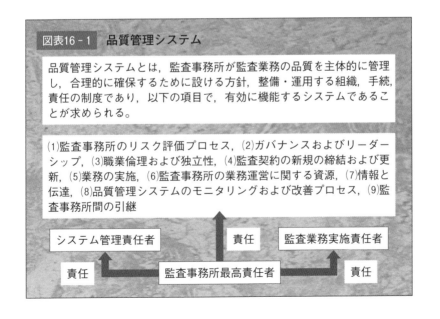

図表16 - 1　品質管理システム

品質管理システムとは，監査事務所が監査業務の品質を主体的に管理
し，合理的に確保するために設ける方針，整備・運用する組織，手続,
責任の制度であり，以下の項目で，有効に機能するシステムであるこ
とが求められる。

(1)監査事務所のリスク評価プロセス，(2)ガバナンスおよびリーダー
シップ，(3)職業倫理および独立性，(4)監査契約の新規の締結および更
新，(5)業務の実施，(6)監査事務所の業務運営に関する資源，(7)情報と
伝達，(8)品質管理システムのモニタリングおよび改善プロセス，(9)監
査事務所間の引継

システム管理責任者　　　責任　　　監査業務実施責任者

責任　　　監査事務所最高責任者　　　責任

品質管理システムの整備および運用の状況を適切に記録し，保存するための方針または手続を定め，それらが遵守されていることを確かめ，監査事務所の最高責任者が最終的な責任を負うことになります（第二　品質管理システムの整備及び運用）。

4 品質管理システムの項目ごとの基準

⑴　監査事務所のリスク評価プロセス

　監査事務所がリスク・アプローチにより品質管理を行う場合，第1に重要なことは，達成する品質目標を設定し，その達成を阻む要因となる品質リスクを把握し，そのリスクが品質にどの程度の影響を与えるのかを評価し，評価した品質リスクに対処するための方針または手続を定め，これを実施するというプロセスを確立することです。

　そのために，品質管理基準（第四　監査事務所のリスク評価プロセス）では，以下の規定を設けています。

　1　監査事務所は，品質目標の設定，品質リスクの識別及び評価，品質リスクへの対処からなるリスク評価プロセスを整備し，運用しなければならない。

　2　監査事務所は，監査業務の質を合理的に確保するために必要であると判断する場合には，本基準に規定されている品質目標に加え，監査事務所が必要と考える品質目標を設定しなければならない。

　3　監査事務所は，設定した品質目標の達成を阻害しうる品質リスクを識別して評価しなければならない。

　4　監査事務所は，評価した品質リスクに対処するための方針又は手続を定め，これを実施しなければならない。

⑵　ガバナンスおよびリーダーシップ

　企業や政府組織に限らず，その最高責任者が組織の風土やガバナンスの質を決定する重要な要素となりますが，監査事務所も例外ではありません。とくに，監査事務所で品質管理システムの基礎となる環境を確立するためには，最高責任者が組織的に監査の質を確保するという意識を持ち，品質管理体制の構築に向けてリーダーシップを発揮することが重要となります。

　そこで，品質管理基準（第五　ガバナンス及びリーダーシップ）は，以下のように，監査事務所に対し，健全な組織風土の醸成，最高責任者等の品質に関する説明責任を含む責任の明確化，監査事務所において最高責任者等が果たすべき主導的役割等に関する品質目標を設けることを，以下のように規定しました。

　　「監査事務所は，品質管理システムの基礎となる環境を確立するために，ガバナンスおよびリーダーシップに関する品質目標を設定しなければならない。当該品質目標には，⑴健全な組織風土の醸成，⑵最高責任者等の品質に関する説明責任を含む責任の明確化，⑶最高責任者等が果たすべき主導的役割，⑷適切な組織構造と職務分掌，⑸業務運営に関する資源の適切な利用に関する目標を含めなければならない。」

⑶　職業倫理および独立性

　監査人ないし監査事務所が職業倫理を遵守し，独立性を保持して監査を行ったかどうかは，監査の品質に影響する要因となります。また，たとえ技術的に高度の監査を行い，監査報告も適切であったとしても，職業倫理が守られず，また独立性も保持されていないのであれば，監査報

告書の利用者にとっては，監査結果に疑念を抱き，信頼できないとして，結果的に品質の劣る監査であるとみられます。

　この意味で，職業倫理の遵守と独立性の保持は重要な品質管理目標となります。そのために，品質管理基準（第六　職業倫理及び独立性）は，監査事務所が，職業倫理の遵守と独立性の保持を品質目標として設定しなければならないこと，この品質目標には監査事務所のみならず，監査事務所が所属するネットワーク等による職業倫理の遵守と独立性の保持に関する目標を含めること，監査事務所は，職業倫理の遵守と独立性の保持に対する脅威を識別して評価し，それに対処するための方針または手続を定めなければならないこと，さらに監査事務所は，職業倫理に抵触したり，独立性の保持の要請に反する事項を発見したり，対処したりするための方針または手続を定めなければならないこと，監査実施の責任者は，職業倫理を遵守し，独立性を保持するとともに，補助者も職業倫理を遵守し，独立性を保持していることを確かめなければならないことを求めています。

(4)　監査契約の新規の締結および更新

　監査契約の新規の締結および更新にあたっては，被監査企業の規模，業種，海外等の事業展開と監査事務所の能力，被監査企業の経営者の誠実性など，監査事務所が監査業務を適切に実施できるかを判断することが重要となります。これらを考慮せずに，監査事務所の財務上および業務上の目的を優先することで，監査品質を落とすこともあります。

　そこで，品質管理基準（第七　監査契約の新規の締結及び更新）は以下の規定を設けています。

　１　監査事務所は，監査契約の新規の締結及び更新に関する品質目標を設定しなければならない。当該品質目標には，監査契約の新規の

締結及び更新に際し，監査業務の内容，経営者の誠実性，監査事務
所の能力等を考慮するとともに，監査事務所の財務上及び業務上の
目的を優先することなく，適切に判断することに関する目標を含め
なければならない。

2　監査事務所は，監査契約の新規の締結及び更新の後に，当該契約
の解除につながる可能性のある情報を把握した場合に対処するため
の方針又は手続を定めなければならない。

3　監査実施の責任者は，監査契約の新規の締結及び更新が，監査事
務所の定める方針又は手続に従って適切に行われていることを確か
めなければならない。また，監査実施の責任者は，当該契約の新規
の締結及び更新の適切性に重要な疑義をもたらす情報を入手した場
合には，監査事務所に，当該情報を速やかに報告しなければならな
い。

(5)　業務の実施

より質の高い監査の実施を可能とするため，「監査業務の実施」，「専
門的な見解の問合せ」，「監査上の判断の相違」，「監査業務に係る審査」
の4つの事項について，品質管理基準（第八　業務の実施）は，以下の
基準を設けています。

①　監査業務の実施

1　監査事務所は，より質の高い監査の実施を目指すために，監査業
務の実施に関する品質目標を設定しなければならない。当該品質目
標には，(1)監査実施の責任者及び監査業務に従事する補助者による
責任ある業務遂行，(2)補助者に対する適切な指揮，監督及び監査調
書の査閲，(3)職業的専門家としての適切な判断並びに懐疑心の保持
及び発揮，(4)監査業務に関する文書の適切な記録及び保存に関する

目標を含めなければならない。

2　監査実施の責任者は，監査事務所の定める方針又は手続を遵守し，補助者の指揮，監督及び監査調書の査閲を適切に行い，監査調書が適切に作成及び保存されているかを確かめなければならない。

3　監査実施の責任者は，監査意見の表明に先立ち，監査調書の査閲等を通して，十分かつ適切な監査証拠が入手されていることを確かめなければならない。

② 専門的な見解の問合せ

1　監査事務所は，より質の高い監査の実施を目指すために，業務の実施における専門的な見解の問合せに関する品質目標を設定しなければならない。当該品質目標には，専門性が高く，判断に困難が伴う事項及び見解が定まっていない事項について専門的な見解の問合せを行い，監査業務の実施及び監査意見の形成において当該見解を十分に検討することに関する目標を含めなければならない。

2　監査実施の責任者は，監査事務所の定める方針又は手続に従って，専門的な見解の問合せを行う責任を負い，専門的な見解を得た場合には，その内容を適切に記録し，得られた見解が監査業務の実施及び監査意見の形成において十分かつ適切に検討されているかを確かめなければならない。

③ 監査上の判断の相違

1　監査事務所は，より質の高い監査の実施を目指すために，業務の実施における監査上の判断の相違に関する品質目標を設定しなければならない。当該品質目標には，監査チーム内又は監査チームと審査の担当者等との間の判断の相違を適切に解決することに関する目標を含めなければならない。

2　監査実施の責任者は，監査事務所の定める方針又は手続に従って，

監査チーム内又は監査チームと審査の担当者等との間の判断の相違を解決しなければならない。

3　監査事務所は，監査実施の責任者と監査業務に係る審査の担当者等との間の判断の相違が解決しない限り，監査報告書を発行してはならない。

④　**監査業務に係る審査**

監査事務所が実施する監査業務については，監査チームとは別の者が審査をすることが品質管理のための重要な要素となるので，品質管理基準は，監査事務所に対して，原則として全ての監査業務について審査を求めます。

そのために，監査チームが行った監査上の重要な判断および監査意見を客観的に評価するための審査に関する方針または手続を定めねばなりませんが，この方針または手続には，審査の担当者の選任，審査の担当者および監査チームの責任，審査の実施ならびに審査の記録および保存を含めなければなりません。

ただし，被監査企業の規模等で，監査結果の社会的影響が小さいなどの場合は，他の方法で品質が保たれれば，審査を省くことも可能です。

審査は，意見表明前だけでなく，監査業務全体を通じて適時，適切に行われ，また，審査の担当者の選任に当たっては，過去に監査実施の責任者として行った重要な判断が審査に影響を与えないよう，監査実施の責任者として関与していた監査業務の審査の担当者に就任する際には適切なインターバル（関与を離れた期間）を設けることが必要です。したがって，監査事務所に対して，審査の担当者が客観性および独立性を保持し，審査の担当者としての職業倫理を遵守しているかを確かめることを求めています。

監査事務所は，これらの審査が適切に実施されるように管理すること

が必要で，また，監査事務所および審査の担当者は，審査に関する方針または手続に従って，監査業務に係る審査の内容および結論を，監査調書として記録および保存しなければなりません。

(6) 監査事務所の業務運営に関する資源

　監査事務所は，設定した品質目標を達成するために必要な人員，知識，技術，経験を有していることも，品質管理の重要な要素です。そのために，品質管理基準（第九　監査事務所の業務運営に関する資源）は以下の規定を設けています。

　　1　監査事務所は，品質管理システムの整備及び運用を可能とするために，監査事務所の業務運営に関する資源に関する品質目標を設定しなければならない。当該品質目標には，人的資源，テクノロジー資源，知的資源等の監査事務所の業務運営に関する十分かつ適切な資源の取得又は開発，維持及び配分に関する目標を含めなければならない。人的資源に関する品質目標については，専門要員に対する適切な採用，教育，訓練及び評価を考慮しなければならない。テクノロジー資源に関する品質目標については，監査事務所におけるIT の統制を含む IT への対応に関する事項を考慮しなければならない。

　　2　監査実施の責任者は，監査チームが監査事務所の業務運営に関する十分かつ適切な資源を適時に利用可能かを判断し，不十分又は不適切であると判断した場合には，適切な措置を講じなければならない。

(7) 情報と伝達

監査事務所の内外から適時に情報を収集したり，監査事務所の内外に

適時に情報を伝達したりすることは，品質管理に欠かせない要素です。たとえば，被監査企業に関する外部情報とか，監査役等との協議とか，監査事務所内外からの通報とか，監査報告の利用者への情報開示とかを例に挙げることができます。そこで，品質管理基準（第十　情報と伝達）では，以下の規定を設けました。

1　監査事務所は，品質管理システムの整備及び運用を可能とするために，情報と伝達に関する品質目標を設定しなければならない。当該品質目標には，(1)監査事務所の内外からの適時の情報収集，(2)監査事務所及び監査チームによる監査事務所の内外との適時の伝達に関する目標を含めなければならない。

2　監査事務所は、監査業務に係る専門要員の関連法令違反，不適切な行為，判断及び意見表明，監査事務所の定める品質管理システムへの抵触等に関して，監査事務所の内外から情報を適切に収集し，活用するための方針又は手続を定め，それらが遵守されていることを確かめなければならない。

3　監査事務所は，監査役等との品質管理システムに関する協議について，内容，時期及び形式を含めた方針又は手続を定めなければならない。

4　監査事務所は，必要に応じて実施する監査事務所の外部の者への品質管理システムに関する情報の提供について，内容，時期及び形式を含めた方針又は手続を定めなければならない。

5　監査事務所は，品質管理システムの状況等について，監査報告の利用者が適切に評価できるよう，十分な透明性を確保しなければならない。

⑻　**品質管理システムのモニタリングおよび改善プロセス**

　監査事務所がリスク・アプローチにもとづく品質管理を行ううえで，品質管理システムの整備および運用の状況に関する情報の適時の把握と，識別した不備に適切に対処するモニタリングと改善プロセスが重要となることを，品質管理基準（第十一　品質管理システムのモニタリング及び改善プロセス）で，つぎのように規定しています。

　　「監査事務所は，品質管理システムの整備及び運用の状況に関する情報を適時に把握するとともに，識別した不備に適切に対処するためのモニタリング及び改善プロセスを整備し，運用しなければならない。当該モニタリングには，品質管理システムに関する日常的監視及び完了した監査業務の定期的な検証が含まれる。」

　また，基準は，監査事務所が不備を識別した場合に，識別した不備の重大性や影響を及ぼす範囲を分析し，適切な改善につながるよう，根本原因，つまり特定の不備に関する直接的な原因や，複数の不備に共通した原因について，原因が生じた原因を検討・分析することで究明される，不備の本質的な原因を調査・分析し，不備の根本原因に対処する改善活動を実施することも求めています。

　さらに，モニタリングおよび改善プロセスの運用に関する責任者は，改善活動が適切に整備されていない，または適切に運用されていないと判断した場合には，適切に対応し，品質管理システムに関する最高責任者ならびに品質管理システムの整備および運用に関する責任者に対して，実施したモニタリングの内容，品質管理システムの不備とその評価結果および不備に対処する改善措置について適時に報告しなければならないと規定しています。

⑼　**監査事務所が所属するネットワークへの対応**

　大手の監査事務所を中心に，グローバルな会計事務所のネットワーク
に所属して，被監査企業の世界的な事業展開に対応して監査業務を行う
監査事務所が増えています。品質管理についても，ネットワークでの要
求事項や資源の使い方がありますが，監査事務所自身の責任は自覚され，
管理されなければならないのは当然です。

　そこで，ネットワークのレベルで品質管理をする監査事務所に対する
モニタリングおよび改善プロセスについて，品質管理基準（第十二　監
査事務所が所属するネットワークへの対応）では，以下の規定が設けら
れました。

　　1　監査事務所は，監査事務所が所属するネットワークの要求事項又
　　　はサービス若しくは業務運営に関する資源を監査事務所の品質管理
　　　システムにおいて適用又は利用する場合には，監査事務所としての
　　　責任を理解した上で，それらの適用方法又は利用方法を決定しなけ
　　　ればならない。

　　2　監査事務所は，ネットワークが監査事務所の品質管理システムに
　　　関するモニタリングを行う場合には，当該モニタリングが監査事務
　　　所の品質管理システムのモニタリング及び改善プロセスに与える影
　　　響を考慮しなければならない。

⑽　**品質管理システムの評価**

　品質管理基準（第十三　品質管理システムの評価）は，品質管理の徹
底を図るために，監査事務所の品質管理システムに関する最高責任者に
対し、少なくとも年に一度、基準日を定めて品質管理システムを評価し，
当該システムの目的が達成されているという合理的な保証を監査事務所
に提供しているかを結論付けることを求めています。

また，基準の前文では，こうした評価の結論や結論に至った理由を含む品質管理システムの状況等については，監査報告の利用者が監査事務所の監査品質を適切に評価できるよう，各監査事務所において公表することが望ましいとしています。

　この基準も，モニタリングおよび改善プロセスの要素の中の重要な要求事項として位置付けられています。

⑾　監査事務所間の引継

　監査事務所間の引継は，近年，多くなりましたが，引継にあたって前任監査事務所と新任監査事務所との間で知識や経験の共有が行われないために，これが，監査，ひいては品質管理の失敗を招く結果になる事例も少なくありません。

　そのために，わが国では，平成25（2013）年に公表した監査における不正リスク対応基準において，上場会社等の監査に関して，引継の規定を厳格化しました。また，これを受けて，品質管理基準（第十四　監査事務所間の引継）も不正リスク対応基準において求められる引継に関する手続を全ての監査に対して求め，以下の規定を設けました。

　　1　監査事務所は，監査人の交代が監査業務の質に重大な影響を及ぼさないようにするために，後任の監査事務所への引継に関する品質目標を設定しなければならない。当該品質目標には，監査事務所が，財務諸表の重要な虚偽の表示に関する情報又は状況，あるいは企業との間の重要な意見の相違等を含め，監査上の重要事項を後任の監査事務所に伝達するとともに，後任の監査事務所から要請があった場合には，それらに関連する監査調書の閲覧に応じるための方針又は手続を遵守することに関する目標を含めなければならない。

　　2　監査事務所は，前任の監査事務所からの引継に関する品質目標を

設定しなければならない。当該品質目標には，監査事務所が，交代事由，企業との間の重要な意見の相違等の監査上の重要事項に関する問合せのための方針又は手続を遵守することに関する目標を含めなければならない。

3　監査事務所は，監査事務所間の引継に関する方針又は手続において，監査実施の責任者が，実施した引継の状況を適切な部署又は者に報告することを定めなければならない。

⑿　**共同監査**

複数の監査事務所が共同して特定の監査業務を引き受ける場合でも，業務や責任の錯綜や重複が原因で品質管理に欠落があってはなりません。そこで，品質管理基準（第十五　共同監査）は，以下の規定を設けました。

「監査事務所および監査実施の責任者は，複数の監査事務所が共同して監査業務を行う場合には，他の監査事務所の品質管理システムが，本基準に準拠し，当該監査業務の質を合理的に確保するものであるかを，監査契約の新規の締結及び更新の際，並びに，必要に応じて監査業務の実施の過程において評価し，適切に対応しなければならない。」

監　査　基　準

$$\left(\begin{array}{l}令和2（2020）年11月6日\\企　業　会　計　審　議　会\end{array}\right)$$

第一　監査の目的

1　財務諸表の監査の目的は，経営者の作成した財務諸表が，一般に公正妥当と認められる企業会計の基準に準拠して，企業の財政状態，経営成績及びキャッシュ・フローの状況を全ての重要な点において適正に表示しているかどうかについて，監査人が自ら入手した監査証拠に基づいて判断した結果を意見として表明することにある。

財務諸表の表示が適正である旨の監査人の意見は，財務諸表には，全体として重要な虚偽の表示がないということについて，合理的な保証を得たとの監査人の判断を含んでいる。

2　財務諸表が特別の利用目的に適合した会計の基準により作成される場合等には，当該財務諸表が会計の基準に準拠して作成されているかどうかについて，意見として表明することがある。

第二　一般基準

1　監査人は，職業的専門家として，その専門能力の向上と実務経験等から得られる知識の蓄積に常に努めなければならない。

2　監査人は，監査を行うに当たって，常に公正不偏の態度を保持し，独立の立場を損なう利害や独立の立場に疑いを招く外観を有してはならない。

3　監査人は，職業的専門家としての正当な注意を払い，懐疑心を保持して監査を行わなければならない。

4　監査人は，財務諸表の利用者に対する不正な報告あるいは資産の流用の隠蔽を目的とした重要な虚偽の表示が，財務諸表に含まれる可能性を考慮しなければならない。また，違法行為が財務諸表に重要な影響を及ぼす場合があることにも留意しなければならない。

5　監査人は，監査計画及びこれに基づき実施した監査の内容並びに判断の過程
及び結果を記録し，監査調書として保存しなければならない。

6　監査人は，自らの組織として，全ての監査が一般に公正妥当と認められる監
査の基準に準拠して適切に実施されるために必要な質の管理（以下「品質管
理」という。）の方針と手続を定め，これらに従って監査が実施されているこ
とを確かめなければならない。

7　監査人は，監査を行うに当たって，品質管理の方針と手続に従い，指揮命令
の系統及び職務の分担を明らかにし，また，当該監査に従事する補助者に対し
ては適切な指示，指導及び監督を行わなければならない。

8　監査人は，業務上知り得た秘密を正当な理由なく他に漏らし，又は窃用して
はならない。

第三　実施基準

一　基本原則

1　監査人は，監査リスクを合理的に低い水準に抑えるために，財務諸表におけ
る重要な虚偽表示のリスクを評価し，発見リスクの水準を決定するとともに，
監査上の重要性を勘案して監査計画を策定し，これに基づき監査を実施しなけ
ればならない。

2　監査人は，監査の実施において，内部統制を含む，企業及び企業環境を理解
し，これらに内在する事業上のリスク等が財務諸表に重要な虚偽の表示をもた
らす可能性を考慮しなければならない。

3　監査人は，自己の意見を形成するに足る基礎を得るために，経営者が提示す
る財務諸表項目に対して，実在性，網羅性，権利と義務の帰属，評価の妥当性，
期間配分の適切性及び表示の妥当性等の監査要点を設定し，これらに適合した
十分かつ適切な監査証拠を入手しなければならない。

4　監査人は，十分かつ適切な監査証拠を入手するに当たっては，財務諸表にお
ける重要な虚偽表示のリスクを暫定的に評価し，リスクに対応した監査手続を，
原則として試査に基づき実施しなければならない。

5　監査人は，職業的専門家としての懐疑心をもって，不正及び誤謬により財務
諸表に重要な虚偽の表示がもたらされる可能性に関して評価を行い，その結果
を監査計画に反映し，これに基づき監査を実施しなければならない。

6　監査人は，監査計画の策定及びこれに基づく監査の実施において，企業が将
来にわたって事業活動を継続するとの前提（以下「継続企業の前提」という。）

に基づき経営者が財務諸表を作成することが適切であるか否かを検討しなければならない。

7　監査人は，監査の各段階において，監査役，監査役会，監査等委員会又は監査委員会（以下「監査役等」という。）と協議する等適切な連携を図らなければならない。

8　監査人は，特別の利用目的に適合した会計の基準により作成される財務諸表の監査に当たっては，当該会計の基準が受入可能かどうかについて検討しなければならない。

二　監査計画の策定

1　監査人は，監査を効果的かつ効率的に実施するために，監査リスクと監査上の重要性を勘案して監査計画を策定しなければならない。

2　監査人は，監査計画の策定に当たり，景気の動向，企業が属する産業の状況，企業の事業内容及び組織，経営者の経営理念，経営方針，内部統制の整備状況，情報技術の利用状況その他企業の経営活動に関わる情報を入手し，企業及び企業環境に内在する事業上のリスク等がもたらす財務諸表における重要な虚偽表示のリスクを暫定的に評価しなければならない。

3　監査人は，広く財務諸表全体に関係し特定の財務諸表項目のみに関連づけられない重要な虚偽表示のリスクがあると判断した場合には，そのリスクの程度に応じて，補助者の増員，専門家の配置，適切な監査時間の確保等の全般的な対応を監査計画に反映させなければならない。

4　監査人は，財務諸表項目に関連した重要な虚偽表示のリスクの評価に当たっては，固有リスク及び統制リスクを分けて評価しなければならない。固有リスクについては，重要な虚偽の表示がもたらされる要因を勘案し，虚偽の表示が生じる可能性と当該虚偽の表示が生じた場合の影響を組み合わせて評価しなければならない。また，監査人は，財務諸表項目に関連して暫定的に評価した重要な虚偽表示のリスクに対応する，内部統制の運用状況の評価手続及び発見リスクの水準に応じた実証手続に係る監査計画を策定し，実施すべき監査手続，実施の時期及び範囲を決定しなければならない。

5　監査人は，虚偽の表示が生じる可能性と当該虚偽の表示が生じた場合の金額的及び質的影響の双方を考慮して，固有リスクが最も高い領域に存在すると評価した場合には，そのリスクを特別な検討を必要とするリスクとして取り扱わなければならない。特に，監査人は，会計上の見積りや収益認識等の判断に関して財務諸表に重要な虚偽の表示をもたらす可能性のある事項，不正の疑いの

ある取引，特異な取引等，特別な検討を必要とするリスクがあると判断した場合には，そのリスクに対応する監査手続に係る監査計画を策定しなければならない。

6　監査人は，企業が利用する情報技術が監査に及ぼす影響を検討し，その利用状況に適合した監査計画を策定しなければならない。

7　監査人は，監査計画の策定に当たって，財務指標の悪化の傾向，財政破綻の可能性その他継続企業の前提に重要な疑義を生じさせるような事象又は状況の有無を確かめなければならない。

8　監査人は，監査計画の前提として把握した事象や状況が変化した場合，あるいは監査の実施過程で新たな事実を発見した場合には，適宜，監査計画を修正しなければならない。

三　監査の実施

1　監査人は，実施した監査手続及び入手した監査証拠に基づき，暫定的に評価した重要な虚偽表示のリスクの程度を変更する必要がないと判断した場合には，当初の監査計画において策定した内部統制の運用状況の評価手続及び実証手続を実施しなければならない。また，重要な虚偽表示のリスクの程度が暫定的な評価よりも高いと判断した場合には，発見リスクの水準を低くするために監査計画を修正し，十分かつ適切な監査証拠を入手できるように監査手続を実施しなければならない。

2　監査人は，ある特定の監査要点について，内部統制が存在しないか，あるいは有効に運用されていない可能性が高いと判断した場合には，内部統制に依拠することなく，実証手続により十分かつ適切な監査証拠を入手しなければならない。

3　監査人は，特別な検討を必要とするリスクがあると判断した場合には，それが財務諸表における重要な虚偽の表示をもたらしていないかを確かめるための実証手続を実施し，また，内部統制の整備状況を調査し，必要に応じて，その運用状況の評価手続を実施しなければならない。

4　監査人は，監査の実施の過程において，広く財務諸表全体に関係し特定の財務諸表項目のみに関連づけられない重要な虚偽表示のリスクを新たに発見した場合及び当初の監査計画における全般的な対応が不十分であると判断した場合には，当初の監査計画を修正し，全般的な対応を見直して監査を実施しなければならない。

5　監査人は，会計上の見積りの合理性を判断するために，経営者が行った見積

りの方法（経営者が採用した手法並びにそれに用いられた仮定及びデータを含む。）の評価，その見積りと監査人の行った見積りや実績との比較等により，十分かつ適切な監査証拠を入手しなければならない。

6　監査人は，監査の実施において不正又は誤謬を発見した場合には，経営者等に報告して適切な対応を求めるとともに，適宜，監査手続を追加して十分かつ適切な監査証拠を入手し，当該不正等が財務諸表に与える影響を評価しなければならない。

7　監査人は，継続企業を前提として財務諸表を作成することの適切性に関して合理的な期間について経営者が行った評価を検討しなければならない。

8　監査人は，継続企業の前提に重要な疑義を生じさせるような事象又は状況が存在すると判断した場合には，当該事象又は状況に関して合理的な期間について経営者が行った評価及び対応策について検討した上で，なお継続企業の前提に関する重要な不確実性が認められるか否かを確かめなければならない。

9　監査人は，適正な財務諸表を作成する責任は経営者にあること，財務諸表の作成に関する基本的な事項，経営者が採用した会計方針，経営者は監査の実施に必要な資料を全て提示したこと及び監査人が必要と判断した事項について，経営者から書面をもって確認しなければならない。

四　他の監査人等の利用

1　監査人は，他の監査人によって行われた監査の結果を利用する場合には，当該他の監査人によって監査された財務諸表等の重要性，及び他の監査人の品質管理の状況等に基づく信頼性の程度を勘案して，他の監査人の実施した監査の結果を利用する程度及び方法を決定しなければならない。

2　監査人は，専門家の業務を利用する場合には，専門家としての能力及びその業務の客観性を評価し，その業務の結果が監査証拠として十分かつ適切であるかどうかを検討しなければならない。

3　監査人は，企業の内部監査の目的及び手続が監査人の監査の目的に適合するかどうか，内部監査の方法及び結果が信頼できるかどうかを評価した上で，内部監査の結果を利用できると判断した場合には，財務諸表の項目に与える影響等を勘案して，その利用の程度を決定しなければならない。

第四　報告基準

一　基本原則

1　監査人は，適正性に関する意見を表明する場合には，経営者の作成した財務

諸表が，一般に公正妥当と認められる企業会計の基準に準拠して，企業の財政状態，経営成績及びキャッシュ・フローの状況を全ての重要な点において適正に表示しているかどうかについての意見を表明しなければならない。なお，特別の利用目的に適合した会計の基準により作成される財務諸表については，当該財務諸表が当該会計の基準に準拠して，上記と同様に全ての重要な点において適正に表示しているかどうかについての意見を表明しなければならない。

監査人は，準拠性に関する意見を表明する場合には，作成された財務諸表が，全ての重要な点において，財務諸表の作成に当たって適用された会計の基準に準拠して作成されているかどうかについての意見を表明しなければならない。

監査人は，準拠性に関する意見を表明する場合には，適正性に関する意見の表明を前提とした以下の報告の基準に準じて行うものとする。

2　監査人は，財務諸表が一般に公正妥当と認められる企業会計の基準に準拠して適正に表示されているかどうかの判断に当たっては，経営者が採用した会計方針が，企業会計の基準に準拠して継続的に適用されているかどうかのみならず，その選択及び適用方法が会計事象や取引を適切に反映するものであるかどうか並びに財務諸表の表示方法が適切であるかどうかについても評価しなければならない。

3　監査人は，監査意見の表明に当たっては，監査リスクを合理的に低い水準に抑えた上で，自己の意見を形成するに足る基礎を得なければならない。

4　監査人は，重要な監査手続を実施できなかったことにより，自己の意見を形成するに足る基礎を得られないときは，意見を表明してはならない。

5　監査人は，意見の表明に先立ち，自らの意見が一般に公正妥当と認められる監査の基準に準拠して適切に形成されていることを確かめるため，意見表明に関する審査を受けなければならない。この審査は，品質管理の方針及び手続に従った適切なものでなければならない。品質管理の方針及び手続において，意見が適切に形成されていることを確認できる他の方法が定められている場合には，この限りではない。

二　監査報告書の記載区分

1　監査人は，監査報告書において，監査人の意見，意見の根拠，経営者及び監査役等の責任，監査人の責任を明瞭かつ簡潔にそれぞれを区分した上で，記載しなければならない。ただし，意見を表明しない場合には，その旨を監査報告書に記載しなければならない。

2　監査人は，次に掲げる事項を監査報告書に記載するに当たっては，別に区分

を設けて，意見の表明とは明確に区別しなければならない。

(1)　継続企業の前提に関する事項

(2)　当年度の財務諸表の監査の過程で監査役等と協議した事項のうち，職業的専門家として当該監査において特に重要であると判断した事項（以下「監査上の主要な検討事項」という。）

(3)　監査した財務諸表を含む開示書類のうち当該財務諸表と監査報告書とを除いた部分の記載内容（以下「その他の記載内容」という。）に関する事項

(4)　財務諸表の記載について強調する必要がある事項及び説明を付す必要がある事項

三　無限定適正意見の記載事項

監査人は，経営者の作成した財務諸表が，一般に公正妥当と認められる企業会計の基準に準拠して，企業の財政状態，経営成績及びキャッシュ・フローの状況を全ての重要な点において適正に表示していると認められると判断したときは，その旨の意見（この場合の意見を「無限定適正意見」という。）を表明しなければならない。この場合には，監査報告書に次の記載を行うものとする。

(1)　監査人の意見

監査対象とした財務諸表の範囲，及び経営者の作成した財務諸表が，一般に公正妥当と認められる企業会計の基準に準拠して，企業の財政状態，経営成績及びキャッシュ・フローの状況を全ての重要な点において適正に表示していると認められること

(2)　意見の根拠

一般に公正妥当と認められる監査の基準に準拠して監査を行ったこと，監査の結果として入手した監査証拠が意見表明の基礎を与える十分かつ適切なものであること

(3)　経営者及び監査役等の責任

経営者には，財務諸表の作成責任があること，財務諸表に重要な虚偽の表示がないように内部統制を整備及び運用する責任があること，継続企業の前提に関する評価を行い必要な開示を行う責任があること

監査役等には，財務報告プロセスを監視する責任があること

(4)　監査人の責任

監査人の責任は独立の立場から財務諸表に対する意見を表明することにあること

監査の基準は監査人に財務諸表に重要な虚偽の表示がないかどうかの合理

的な保証を得ることを求めていること，監査は財務諸表項目に関する監査証拠を得るための手続を含むこと，監査は経営者が採用した会計方針及びその適用方法並びに経営者によって行われた見積りの評価も含め全体としての財務諸表の表示を検討していること，監査手続の選択及び適用は監査人の判断によること，財務諸表監査の目的は，内部統制の有効性について意見表明するためのものではないこと，継続企業の前提に関する経営者の評価を検討すること，監査役等と適切な連携を図ること，監査上の主要な検討事項を決定して監査報告書に記載すること

四　意見に関する除外

1　監査人は，経営者が採用した会計方針の選択及びその適用方法，財務諸表の表示方法に関して不適切なものがあり，その影響が無限定適正意見を表明することができない程度に重要ではあるものの，財務諸表を全体として虚偽の表示に当たるとするほどではないと判断したときには，除外事項を付した限定付適正意見を表明しなければならない。この場合には，意見の根拠の区分に，除外した不適切な事項，財務諸表に与えている影響及びこれらを踏まえて除外事項を付した限定付適正意見とした理由を記載しなければならない。

2　監査人は，経営者が採用した会計方針の選択及びその適用方法，財務諸表の表示方法に関して不適切なものがあり，その影響が財務諸表全体として虚偽の表示に当たるとするほどに重要であると判断した場合には，財務諸表が不適正である旨の意見を表明しなければならない。この場合には，意見の根拠の区分に，財務諸表が不適正であるとした理由を記載しなければならない。

五　監査範囲の制約

1　監査人は，重要な監査手続を実施できなかったことにより，無限定適正意見を表明することができない場合において，その影響が財務諸表全体に対する意見表明ができないほどではないと判断したときには，除外事項を付した限定付適正意見を表明しなければならない。この場合には，意見の根拠の区分に，実施できなかった監査手続，当該事実が影響する事項及びこれらを踏まえて除外事項を付した限定付適正意見とした理由を記載しなければならない。

2　監査人は，重要な監査手続を実施できなかったことにより，財務諸表全体に対する意見表明のための基礎を得ることができなかったときには，意見を表明してはならない。この場合には，別に区分を設けて，財務諸表に対する意見を表明しない旨及びその理由を記載しなければならない。

3　監査人は，他の監査人が実施した監査の重要な事項について，その監査の結

果を利用できないと判断したときに，更に当該事項について，重要な監査手続
を追加して実施できなかった場合には，重要な監査手続を実施できなかった場
合に準じて意見の表明の適否を判断しなければならない。

4　監査人は，将来の帰結が予測し得ない事象又は状況について，財務諸表に与
える当該事象又は状況の影響が複合的かつ多岐にわたる場合には，重要な監査
手続を実施できなかった場合に準じて意見の表明ができるか否かを慎重に判断
しなければならない。

六　継続企業の前提

1　監査人は，継続企業を前提として財務諸表を作成することが適切であるが，
継続企業の前提に関する重要な不確実性が認められる場合において，継続企業
の前提に関する事項が財務諸表に適切に記載されていると判断して無限定適正
意見を表明するときには，継続企業の前提に関する事項について監査報告書に
記載しなければならない。

2　監査人は，継続企業を前提として財務諸表を作成することが適切であるが，
継続企業の前提に関する重要な不確実性が認められる場合において，継続企業
の前提に関する事項が財務諸表に適切に記載されていないと判断したときには，
当該不適切な記載についての除外事項を付した限定付適正意見を表明するか，
又は，財務諸表が不適正である旨の意見を表明し，その理由を記載しなければ
ならない。

3　監査人は，継続企業の前提に重要な疑義を生じさせるような事象又は状況に
関して経営者が評価及び対応策を示さないときには，継続企業の前提に関する
重要な不確実性が認められるか否かを確かめる十分かつ適切な監査証拠を入手
できないことがあるため，重要な監査手続を実施できなかった場合に準じて意
見の表明の適否を判断しなければならない。

4　監査人は，継続企業を前提として財務諸表を作成することが適切でない場合
には，継続企業を前提とした財務諸表については不適正である旨の意見を表明
し，その理由を記載しなければならない。

七　監査上の主要な検討事項

1　監査人は，監査の過程で監査役等と協議した事項の中から特に注意を払った
事項を決定した上で，その中からさらに，当年度の財務諸表の監査において，
職業的専門家として特に重要であると判断した事項を監査上の主要な検討事項
として決定しなければならない。

2　監査人は，監査上の主要な検討事項として決定した事項について，関連する

財務諸表における開示がある場合には当該開示への参照を付した上で，監査上
の主要な検討事項の内容，監査人が監査上の主要な検討事項であると決定した
理由及び監査における監査人の対応を監査報告書に記載しなければならない。
ただし，意見を表明しない場合には記載しないものとする。

八　その他の記載内容

1　監査人は，その他の記載内容を通読し，当該その他の記載内容と財務諸表又
は監査人が監査の過程で得た知識との間に重要な相違があるかどうかについて
検討しなければならない。また，監査人は，通読及び検討に当たって，財務諸
表や監査の過程で得た知識に関連しないその他の記載内容についても，重要な
誤りの兆候に注意を払わなければならない。

2　監査人は，その他の記載内容に関して，その範囲，経営者及び監査役等の責
任，監査人は意見を表明するものではない旨，監査人の責任及び報告すべき事
項の有無並びに報告すべき事項がある場合はその内容を監査報告書に記載しな
ければならない。ただし，財務諸表に対する意見を表明しない場合には記載し
ないものとする。

九　追記情報

　監査人は，次に掲げる強調すること又はその他説明することが適当と判断した
事項は，監査報告書にそれらを区分した上で，情報として追記するものとする。
　(1)　会計方針の変更
　(2)　重要な偶発事象
　(3)　重要な後発事象

十　特別目的の財務諸表に対する監査の場合の追記情報

　監査人は，特別の利用目的に適合した会計の基準により作成される財務諸表に
対する監査報告書には，会計の基準，財務諸表の作成の目的及び想定される主な
利用者の範囲を記載するとともに，当該財務諸表は特別の利用目的に適合した会
計の基準に準拠して作成されており，他の目的には適合しないことがある旨を記
載しなければならない。

　また，監査報告書が特定の者のみによる利用を想定しており，当該監査報告書
に配布又は利用の制限を付すことが適切であると考える場合には，その旨を記載
しなければならない。

索　引

〈著者紹介〉

山浦　久司（やまうら　ひさし）

1948年　福岡県生まれ
1976年　一橋大学大学院商学研究科博士課程単位取得，千葉商科大学専任講師
1991年　千葉大学法経学部教授
1994年　一橋大学博士（商学）
1995年　国税庁税理士試験委員（1997年まで）
1997年　明治大学教授
2000年　金融庁公認会計士2次試験委員（2003年まで）
2005年　金融庁企業会計審議会監査部会長（2008年1月まで）
2008年2月　会計検査院検査官就任
2013年3月　会計検査院長（同5月定年退官）
2013年9月　明治大学教授（2019年定年退職，名誉教授）
2018年11月　瑞宝重光章を授受
現在，日本公認会計士協会監事

[主要著書]
『英国株式会社会計制度論』（白桃書房，1993年，1993年度日本会計研究学会太田賞受賞），『体系演習上級簿記』（白桃書房，1994年），『ガイダンス企業会計入門』（編著，白桃書房，2000年），『会計士情報保証論』（編著，中央経済社，2000年），『監査の新世紀』（税務経理協会，2001年），『公認会計士監査』（監訳，児嶋隆・小澤康裕共訳，白桃書房，2001年），『会計監査論』（中央経済社，1999年，日本公認会計士協会学術賞受賞），同第5版（2008年），『地方公共団体の公会計制度改革』（編著，税務経理協会，2021年），『琴海の嵐』（文芸社，2023年）

監査論テキスト［第9版］

2006年3月1日　第1版第1刷発行	2024年3月30日　第9版第1刷発行
2007年4月10日　第1版第5刷発行	2024年12月15日　第9版第2刷発行
2007年11月1日　第2版第1刷発行	
2009年12月10日　第2版第9刷発行	
2011年3月20日　第3版第1刷発行	
2012年2月23日　第4版第1刷発行	
2013年1月30日　第4版第3刷発行	
2013年10月10日　第5版第1刷発行	
2014年5月25日　第5版第2刷発行	
2015年3月10日　第6版第1刷発行	
2019年1月20日　第6版第14刷発行	
2019年12月20日　第7版第1刷発行	
2021年12月10日　第7版第6刷発行	
2022年2月10日　第8版第1刷発行	
2023年11月30日　第8版第6刷発行	

© 2024
Printed in Japan

著　者　山　浦　久　司
発行者　山　本　　　継
発行所　㈱中央経済社
発売元　㈱中央経済グループ
　　　　パブリッシング

〒101-0051　東京都千代田区神田神保町1-35
電　話　03(3293)3371（編集代表）
　　　　03(3293)3381（営業代表）
https://www.chuokeizai.co.jp
印刷／東光整版印刷㈱
製本／誠　製　本　㈱

＊頁の「欠落」や「順序違い」などがありましたらお取り替えいたしますので発売元までご送付ください。（送料小社負担）

ISBN 978-4-502-50011-4　C3034

JCOPY〈出版者著作権管理機構委託出版物〉本書を無断で複写複製（コピー）することは，著作権法上の例外を除き，禁じられています。本書をコピーされる場合は事前に出版者著作権管理機構（JCOPY）の許諾をうけてください。
JCOPY〈https://www.jcopy.or.jp　eメール：info@jcopy.or.jp〉

■最新の監査諸基準・報告書・法令を収録■

監査法規集

中央経済社編

本法規集は，企業会計審議会より公表された監査基準をはじめとする諸基準，日本公認会計士協会より公表された各種監査基準委員会報告書・実務指針等，および関係法令等を体系的に整理して編集したものである。監査論の学習・研究用に，また公認会計士や企業等の監査実務に役立つ1冊。

《主要内容》

企業会計審議会編＝監査基準／不正リスク対応基準／中間監査基準／四半期レビュー基準／品質管理基準／保証業務の枠組みに関する意見書／内部統制基準・実施基準

会計士協会委員会報告編＝会則／倫理規則／監査事務所における品質管理　《監査基準委員会報告書》　監査報告書の体系・用語／総括的な目的／監査業務の品質管理／監査調書／監査における不正／監査における法令の検討／監査役等とのコミュニケーション／監査計画／重要な虚偽表示リスク／監査計画・実施の重要性／評価リスクに対する監査手続／虚偽表示の評価／監査証拠／特定項目の監査証拠／確認／分析的手続／監査サンプリング／見積りの監査／後発事象／継続企業／経営者確認書／専門家の利用／意見の形成と監査報告／除外事項付意見　他《監査・保証実務委員会報告》継続企業の開示／後発事象／会計方針の変更／内部統制監査／四半期レビュー実務指針／監査報告書の文例

関係法令編＝会社法・同施行規則・同計算規則／金商法・同施行令／監査証明府令・同ガイドライン／内部統制府令・同ガイドライン／公認会計士法・同施行令・同施行規則

法改正解釈指針編＝大会社等監査における単独監査の禁止／非監査証明業務／規制対象範囲／ローテーション／就職制限又は公認会計士・監査法人の業務制限